永远的祖国

丹拥军 | 编著

光明日报出版社

图书在版编目（CIP）数据

永远的祖国 / 丹拥军编著. -- 北京：光明日报出版社，2022.6

ISBN 978-7-5194-6598-8

Ⅰ.①永… Ⅱ.①丹… Ⅲ.①华侨史学—中国 ②侨民工作—概况—中国 Ⅳ.①D634

中国版本图书馆 CIP 数据核字（2022）第 083551 号

永远的祖国

YONGYUAN DE ZUGUO

编　　著：丹拥军

责任编辑：王　娟　　　责任校对：张彩霞

封面设计：中联华文　　　责任印制：曹　诤

出版发行：光明日报出版社

地　　址：北京市西城区永安路 106 号，100050

电　　话：010-63169890（咨询），010-63131930（邮购）

传　　真：010-63131930

网　　址：http://book.gmw.cn

E-mail：gmrbcbs@gmw.cn

法律顾问：北京市兰台律师事务所龚柳方律师

印　　刷：三河市华东印刷有限公司

装　　订：三河市华东印刷有限公司

本书如有破损、缺页、装订错误，请与本社联系调换，电话：010-63131930

开　　本：170mm×240mm

字　　数：205 千字　　　印　　张：16.5

版　　次：2022 年 6 月第 1 版　　　印　　次：2022 年 6 月第 1 次印刷

书　　号：ISBN 978-7-5194-6598-8

定　　价：95.00 元

前言：话离散

海外华人华侨目前约有6000万，主要居住在东南亚和欧美等地。这里需要对华人和华侨做一区分。华人指具有中国血统的外国公民即外国人，华侨指旅居海外的中国人。但有时候“华人”一词也涵盖华侨以及海外经商或务工的人员。华人华侨及其后裔，主要是明朝以来不同时期的移民及后代。

一、古代移民及传说

华人到外国侨居，传说开始于商周时代。商朝末年，武王灭商后有“殷人东渡”说。据说是到了现在的美洲墨西哥地区。公元前11世纪，武王伐纣，攻破都城朝歌，纣王于鹿台自焚。但此时，攸侯喜统率的10万大军主力，林方、人方、虎方等15万人及涕竹舟、涕竹笋等，突然全部失踪，下落不明。那25万殷商军民去了哪里呢？而在他们消失无影的同时，在中美洲突然兴起了一个具有浓郁殷商文明特质的奥尔梅克（Olmeca）文明。著名学者罗振玉、王国维、郭沫若等都相信“殷人东渡”说。

而武王克殷后，还有一次著名的移民，就是“箕子朝鲜”的故事。

箕子是商纣王的叔父，见商纣王暴虐无道，披发佯狂为奴。牧野之战后，他逃亡箕山，过着隐居生活。因为不愿为周臣，他带5000余人渡海逃亡至朝鲜。相传箕子到朝鲜后建筑房屋、开垦农田、养蚕织布，还施行八种简单的法律，来防止和解决人们的争执。周武王派人封箕子做朝鲜的国君。后来箕子回国朝见周天子，在途经商故都城遗址时，见已经种上了庄稼，箕子心中忧伤，乃作《麦秀歌》："麦秀渐渐兮，禾黍油油。彼狡童兮，不与我好兮。"殷民闻之，皆为流涕。"箕子东渡"的故事是有据可查的。

秦朝统一中国后，又有"徐福东渡"说，此说最早见于司马迁的《史记》，指秦始皇时期派遣徐福出海采仙药，结果徐福一去不返的故事。汉代的东方朔也在《海内十洲记》中也记载了这一故事。据说，徐福东渡日本，促成一代"弥生文化"的诞生。那时，日本还没有文字，也没有农耕。徐福给日本带去了文字、农耕和医药技术。为此，徐福自然成了日本人民心目中的"农神"和"医神"。这是随着考古及两国人民之间的交往逐步被发现和发掘的。

有史可查的是汉朝。公元前124年，汉武帝建立了中西交通，在很长的一个时期内，年年都有使节和人民来往，多则几百人，少则百余人。华人自汉朝便已开辟与东南亚和印度、斯里兰卡的海上交通。由于开展海外贸易，商人、水手可往东南亚进发，其中一部分人定居当地。唐代国力强盛，从广州、扬州、泉州等地出发的商船，远航东南亚、西亚等地进行贸易活动。移居国外的华人逐渐增多，许多外国人称海外华人为"唐人"，华侨回国也称回"唐山"。《萍洲可谈》记载："汉威令行于西北，故西北呼中国为汉。唐威令行于东南，故东南呼中国为唐。"《明史》记载："唐人者，诸蕃呼华人之称也。凡海外诸国尽然。"

宋、元时期，中国沿海居民受连年兵乱的影响，尤其是福建、广东受元军的残忍摧残，纷纷逃往海外避难谋生。明朝时，郑和下西洋开始了华人历史上第一次海上远征。郑和率领200艘船舰组成的船队在南洋各地访问。1405—1433年的28年间，郑和七下西洋，率船队远航30多个国家，最远抵达非洲东岸及红海沿岸港口。迄今，在东非肯尼亚有一个拉穆群岛，岛上有400多人，当地人宣称自己是中国人的后代。他们还派人回国寻根问祖。当地人世代传说，当年郑和船队的一只船遇到风浪，船只失事，幸存者在此定居下来。清朝时，华人大量移居东南亚。满人入主中原，许多明朝的遗老遗少前往南洋，也有明朝海盗逃往南洋。

中国移民到了国外之后，在传承自己大国传统的同时也努力适应当地的社会文化环境，与当地其他民族建立友好关系。通婚是民族融合的主要途径。早在元代，周达观就观察到在真腊有很多中国人娶当地妇女为妻组成家庭。元代的婆罗洲“唐人与蕃人丛杂而居”。明代的满剌加“间有白者，唐人种也”。之后，华侨与当地社会通婚融合的现象逐步增多，形成土生华人群体，例如泰国的洛真（Luck Chin）、马来亚的峇峇（Baba）、印度尼西亚的伯拉奈干（Peranakan）、菲律宾的密斯蒂佐（Mestio）、越南的明乡（Minh Hong）等。更多的华侨通过与当地人民的友好相处、互相尊重、善意交流，建立了融洽的关系。在这一过程中，华侨华人也逐步培育起对居住地的认同，参与当地的事务，与当地人民一道建设社会、建设国家。

二、近代移民

从中国移居到东南亚等地的华人主要是生活所迫或通商贸易的需要。闯关东、走西口、下南洋是中国近代史上最著名的三次人口迁徙。乾隆年间，为躲避灾荒，山东和直隶（今河北）人北上东三省；河南、山西人迁往新疆与河西走廊；广东、福建人则漂洋过海，来到新加坡、马来西亚、泰国、菲律宾、印度尼西亚、越南等地。“闽广人稠地狭，田园不足以耕，望海谋生”，广东、福建自古以来便是海上贸易、对外移民活跃的地区。而地缘上的毗邻关系，让东南亚成为他们最早也是最主要的迁居地。中国人甚至得以在东南亚建立自己的国家。1777 年，来自广东梅州的罗芳伯在西加里曼丹建立“兰芳共和国”，他自己担任国家首脑“大唐总长”。这个国家 100 余年后被荷兰侵占。

十六七世纪，西方国家相继侵入东南亚各地后，随着东南亚各国逐步沦为殖民地，作为主要劳动力来源的华人移居东南亚，跟随已定居海外的亲友赴东南亚学习做生意或从事劳工业。西方工业革命开始后，有大量华人以契约劳工的身份前往北美洲、南美洲、大洋洲、南非和俄罗斯等国家和地区当苦力，从事危险的工作，如开采金矿与参与铁路工程等。当中许多人被骗，契约到期也不得回家。在南美，如今占巴拿马总人口 5% 和秘鲁总人口 2% 的华人，都是当年劳工的后裔，只不过前者大多来自广东，后者主要来自澳门。

除了这些身不由己的苦役劳工，还有不少人为狂热的发财梦驱使，踏上了背井离乡的旅途。1848 年，美国西部发现黄金的消息一出，震动了全世界。数以万计的人汹涌而来，企图到“金山”碰碰运气，其中就包括中国人。确切地说，是广东人。直到 1842 年，广州仍是中国唯一的通商口岸，也是对外贸易往来和信息交流的中心。美国西部发现黄金的消息传到广州时，只比传到美国东海岸晚了几天。随后，加拿大卑诗省的菲莎河谷以及南半球的澳大利亚、新西兰也掀起了“淘金热”，中国淘金客大规模迁往这些国家。

三、现代移民潮

第一次世界大战期间，数十万华工被招募到欧洲，在法、英、俄等协约国从事艰苦的劳作。英国在青岛设立了“招募华工总处”，法国在潍县（今潍坊市）成立了“侨工事务局”，专门招募华工。战争结束后，大多数中国劳工被遣返回乡，有一部分则留在欧洲。20 世纪中期，为填补第二次世界大战后的劳动力缺口，也有很多香港或东南亚的华人移民英国。如今，在欧洲生活的华人华侨已经超过 200 万。

改革开放以来，中国海外移民呈加速度递增趋势，不仅使世界各地特别是美国、加拿大、澳大利亚及欧洲、非洲等的华人华侨数量激增，而且迅速改变了当地华人社会的格局。与此同时，华人移民逐渐脱离了开餐馆和洗衣店的底层经济，从事金融、IT、产品设计工作的移民越来越多，一些人还开创了自己的企业和品牌。东南亚国家的海外华人已经奠定了他们的商业与经济地位。在北美洲、欧洲与大洋洲，华人所从事的职业则多样化，范围从餐饮业到医学、会计、投资、法律、艺术与教育等。在美国，华人从政并取得成功也不再是什么新闻。

据统计，到 2020 年，东南亚的华人数量已超过 4000 万，约占全球海外华人总数的 80%。马来西亚的四分之一人口是华人，在新加坡，这个比例更高达四分之三。他们中的绝大部分，都是 100 多年前那些披荆斩棘的开拓者——福建人、广东人和少量海南人的后代。百万以上的华人聚居都会区有新加坡、曼谷、吉隆坡、雅加达等地。其他地区的统计数据显示，21 世纪初（2010 年），北美华人数量达到 550 万，其中美国有近 400 万人。逾 50 万华人的都会有纽约、多伦多、旧金山湾区、洛杉矶、温哥华等地。

四、华人华侨与祖国的关系

近代以来，海外华侨基于民族主义的理念，积极参与中国各项社会变革。他们与祖国同呼吸、共命运，成为中国社会在海外的延伸。当孙中山筹建兴中会的时候，许多华侨志士慷慨解囊，踊跃参加，在推翻清朝，建立民国的斗争中尽了一分力量，因而博得了“革命之母”的赞誉。当日本帝国主义大举入侵，祖国面临危亡的时候，无数侨胞出钱出力，支持祖国抗战。他们无求于祖国，唯一的希望就是祖国能够统一、强大起来。

海外华侨为了改变祖国贫困落后的面貌，怀着对祖国、对家乡的深厚感情，或回国投资办工厂，振兴城乡工商业，推动城镇建设；或回国捐资办学，振兴乡村新式教育；或捐资兴办慈善公益事业，提升社会文明水平。中国第一家民族资本的近代企业——南海继昌隆缫丝厂、中国第一条民办铁路——潮汕铁路、中国第一家民族火柴厂——佛山巧明火柴厂、中国第一家橡胶厂——广东兄弟橡胶厂、中国第一家民族电灯厂——广州华商电灯公司、中国第一家工业化生产葡萄酒企业——张裕酿酒公司等，都是华侨创办的。华侨的投资活动大大改变了中国城乡的城市化面貌，使中国的现代化建设得到提速。华侨回国捐资办学和兴办慈善公益活动，大大改善了侨乡的教育水平和文化风貌，提升了侨乡的社会文明程度。

中华人民共和国成立初期，一穷二白。华人华侨打破帝国主义的封锁，或捐赠祖国急需的生产资料，或投资国内企业，为新中国的经济建设贡献良多；或源源不断地汇款，繁荣侨乡经济，改善当地人民的生活。改革开放后，他们成为投资设厂的先驱。中国第一家“三来一补”企业，第一家“三资”都是华侨和港澳同胞开设的。改革开放 40 多年的外来投资绝大多数是华侨资本。他们对中国产业结构的调整和外向型经济的形成起到很大作用，同时，也将国外先进的企业管理经验和营销方式介绍到国内。华人华侨和港澳同胞为中国的改革开放事业和现代化建设做出了不可磨灭的贡献。

清朝政府推动海外华侨对中国的文化认同和政治认同，敦促华侨忠诚于朝廷。民国时期，政府也刻意培养华侨的民族主义情绪。新中国之初，在理论上继承了国民政府对华侨的权利和义务，即以血统主义为原则，视海外中国人为中国国民。20 世纪初到 40 年代，华侨对祖国的认同情感不亚于本土人民。第二次世界大战后，亚非国家纷纷摆脱西方的殖民统治，实现了民族独立。它们对于本国华侨的双重效忠问题表示忧虑。为了改善与新兴民族国家，尤其是东南亚国家的关系，也是由于中国政府当时缺乏相应的经济、军事实力保护华侨，1954 年后，中国政府转而鼓励华人华侨加入当地国籍，效忠于当地国家。

然而，中国政府始终牵挂着海外侨胞，如同慈母心系远方的游子，必要时给予援手。主要措施有：与当事国交涉、必要的协助、撤侨等。李克强总理 2017 年 3 月 5 日向十二届全国人大五次会议做政府工作报告表示，要认真落实侨务政策，保障海外侨胞和归侨侨眷合法权益，充分发挥他们的独特优势和重要作用，海内外中华儿女的凝聚力和向心力必将不断增强。党的十九大报告强调，“广泛团结联系海外侨胞和归侨侨眷，共同致力于中华民族伟大复兴”。这体现了以习近平同志为核心的党中央对侨务工作的高度重视。

本书探讨华人华侨和祖国之间无论如何风云变幻都不离不弃、互相支持的关系。尤其是近年来，随着综合国力的增强，中国政府逐步有意愿与能力去保护和捍卫华人华侨的利益。全书围绕三个问题展开：第一，海外华人和祖国人民是一种互动的关系，互相支持，互相帮助。第二，介绍新中国成立后，尤其是近年中国政府保护海外华人的例子。旨在说明，中国政府得以捍卫华人的利益，同国家的强大密不可分。第三，海外华人，尽管已经在一个地区居住、生活，也加入了当地国家的国籍，而祖国仍与他们息息相关。全书分为六编二十四章，介绍不同时代的中国政府对于海外华人的援助，以及华人华侨对祖国的支持和奉献。各章的记述为代表性的人物或事迹，并不求面面俱到。每一编都有序，介绍当时的时代背景。

目　录
CONTENTS

第一编 01

往昔岁月

本编序

背井离乡、跨海谋生的华人保持着自己勤俭持家的传统，维系中国的传统习俗和家风。他们筚路蓝缕，栉风沐雨，建立自己的基业。中国人既不愿也不能融入当地社会之中，所以始终扮演着一个疏离者的角色。在过去的几个世纪中，只要有相当数量的华人移民到世界的某一个地方，并在当地建立华人社区，迟早都会招来当地其他族群的嫉恨，并发展为排华事件。这些排华事件程度不一，有的是言语攻击，有的是暴力行为，有的则是惨绝人寰的种族清洗。

有记载的最早的排华事件当数 1603 年马尼拉屠杀华人事件。18 世纪则有荷兰屠杀华人的红溪惨案。19 世纪有美澳排华，20 世纪初则有墨西哥的托雷翁大屠杀。中国人在历次排华运动中受到的指控是相似的：廉价的中国劳动力抢了当地人的饭碗；中国人不择手段的经营方式挤垮了本地的竞争者；中国人道德沦丧腐蚀了当地的文化；中国人娶本地妇女为妻，使妇女面临堕落的危险等。

19 世纪 60 年代，随着美国西部大开发向纵深发展，加利福尼亚掀起了“淘金热”，加之美太平洋铁路需要大批劳工，更多的华人为了美好的淘金梦，背井离乡来到美国。华人劳工的薪资水平，普遍低于美国本地的白人劳工，遭到当地人的嫉恨。他们指责中国的“苦力”导致自己的工资水平低下。1882 年，美国加州通过排华法案。1886 年，西雅图驱逐华人，美国总统克利夫兰宣布在西雅图实行军事管制，暴力排华。其他城市也开始了排华行动，白人暴徒捣毁华人的商店，拆毁华人的住所，许多华人丧命。1882 年，美国国会通过的第一个全国性的《排华法案》，规定十年之内停止华工进入美国，以后又再度延长期限。

19 世纪中期，澳大利亚发现金矿，华人也来到当地。1857 年 7 月 4 日，维多利亚巴克兰河（Buckland River）金矿区的 100 多名白人矿工突然袭击两三千名华工，华工 750 多座帐篷、30 家商店及一间新建庙宇被焚毁，损失财产 9000 多镑，十人被杀，多人受伤。华工纷纷逃往森林避难，并上书政府要求予以制止。警察逮捕了几名嫌犯，但当局并没严惩这些暴徒，仅有三名白人受审，其中 2 人还被无罪释放。受到纵容的白人矿工则成立了“维多利亚矿工反华联盟”。

中国历代王朝长期以来奉行禁止移民，敌视海外移民的政策。马尼拉屠杀发生后，万历帝通过福建巡抚徐学聚传谕西班牙总督：“中国皇帝，宽怀大度，对于屠杀华人一节，决不兴师问罪。”红溪惨案发生后，乾隆帝没有采取报复措施，依然同意与南洋通商。

这个态度变化的转折点是在 19 世纪末。中国政府开始关心海外华人的问题，西雅图发生排华后，由于清政府的抗议，美向中国政府赔偿了 276600 美元。另一个比较突出的例子是墨西哥托雷翁大屠杀后清政府的态度。1911 年 5 月 13 日，墨西哥反政府武装在弗兰西斯科·马德罗领导下，向墨西哥北部城市托雷翁发起进攻。当时效忠迪亚斯总统的联邦政府军在两天之后放弃抵抗，撤出托雷翁城，马德罗的军队随之开了进来。随着叛军进城的是一群暴民，他们突然出现在托雷翁城内的繁华商业区，大肆屠杀和洗劫那里的中国商户。事发之后，清政府向墨西哥发出最后通牒，要求给个满意的说法，墨西哥政府就排华事件正式向清政府赔礼道歉，表示要偿付受害侨民生命财产损失，缉捕犯罪士兵。

本编记叙的即是明清时期的几个排华事件以及中国朝廷的应对措施。19 世纪后期，在清朝有识之士的推动下，政府改变了以往消极放任的政策，转而采纳积极保护华侨的措施。

第一章　马尼拉屠杀华人事件

16 世纪下半期，西班牙从当时新西班牙（墨西哥）出发，征服了菲律宾群岛，使马尼拉成了其与明朝贸易的中转站。来自厦门、福建和泉州的中国商人，会定期驾驶着他们的平底帆船，赴吕宋岛和周边岛屿进行贸易，有时候还会到东南亚的其他岛屿去。闽南商人基本上沿袭着由郑和开辟的贸易路线。

一、明朝与西班牙的贸易

明代中后期，朝廷废止了海禁政策，并确定了“银本位制”，闽南商人迎来贸易的黄金时代。他们纷纷将目光投向那些来自墨西哥的满载着白银的大帆船，并迅速成为一个新的国际贸易体系中不可或缺的中间人。最初的大帆船贸易的路线是从墨西哥出发，穿越大西洋到达西班牙，之后进入太平洋。而闽南商人的出现，使古老而浩瀚的印度洋与西班牙人所掌控的太平洋联结在一起，也使大帆船贸易成为人类历史上第一项真正意义上的全球贸易。在此后 250 年的时间里（1565 年至 1815 年），数百艘大帆船成功地跨越太平洋来到菲律宾，其中只有一至三艘中途沉没。

在向亚洲殖民的过程中，西班牙人的政策是绝不在亚洲建立任何形式的殖民社会（类似于新西班牙的墨西哥城、新卡斯提的利马），而是最大限度地开发和利用华人已经在东南亚和印度洋地区建立起的贸易网络。这一政策使得马来半岛、菲律宾群岛和印度地区永久性的华人社区如雨后春笋般建立起来，马尼拉就是其中的翘楚。在西班牙殖民时代，马尼拉迅速发展成为一个大都市，这在很大程度上得益于它连接太平洋和印度洋的地缘优势。有了它的存在，从美洲的新西班牙到波斯湾的霍尔木兹逐渐整合成一个庞大的商业世界，使得来自日本、印度和中国的精美商品，源源不断地流入被葡萄牙人、西班牙人、荷兰人所掌控的欧洲市场。

作为新西班牙的延伸，马尼拉事实上成为蓬勃发展的美洲的一部分。于是，华人社区开始在西班牙人建造的城墙外悄然兴起，当时中文叫“涧内”。1603 年时，马尼拉的华人居民从最初的大约 150 人，急剧增加到 2 万 ~3 万人。1574 年时，西班牙总督注意到，当地华人尽管在十年前才开始在马尼拉定居，却给西班牙人提供了相当多的生活必需品，如糖、小麦、面粉、干果、葡萄干、梨子、橘子、丝绸、酒、瓷器、铁器等。随着双方贸易量的提高，西班牙人在生活必需品方面开始全面依赖闽南商人。1628 年，西班牙总督尼诺·德·塔沃拉写道：“所有的西班牙人，不管是神职人员还是普通百姓，都无法自己解决吃饭穿衣的问题，除了依靠中国人之外别无选择。”

正是这种商人的角色，使得中国人顺利地融入了马尼拉的西班牙殖民地。正如著名的菲律宾史学家埃德加·威克伯格所说：“西班牙殖民地对于商品和服务的庞大需求，为中国商人提供了一个大展拳脚的舞台。”当时，许多为马尼拉城提供日常服务的中国商铺，都开设在位于城墙之外的唐人街中。然而，还有一个丝绸市场建在了马尼拉城内，开

明朝与西班牙的贸易

设了 200 多家店铺，雇用了 2000 多名中国伙计。在马尼拉城内，还有一个名为“通多”的社区，居住着大量改信天主教的华人。此外，中国的渔夫和园丁也住在这个社区的附近，因为他们常常为这一社区的传教士服务，而且需要保证随叫随到。

1590 年，马尼拉第一任主教弗雷·多明戈·色拉撒的报告，反映了唐人街的另一个重大变化。在这份报告中，主教除了描述中国人贩卖的各种商品和“新奇物件”之外，还提道：“有些商品已经开始在本地生产，品质甚至比在中国制造得更好。这得益于中国人和西班牙人之间的交往，使中国人不断改进商品质量，并开始制造一些中国本土并不生产的东西。”换句话说，中国的工匠们已经开始在马尼拉唐人街开设自己的店铺，并根据西班牙人的需求和品位量身定制各种商品。“在唐人街中，你可以找到各式各样的商人和工匠，他们中的许多人还身兼数职。他们的手艺远在西班牙工匠之上，而且其商品的价格常常低廉到我都不好意思提起。”大量中国工匠的到来造成了一个意料之中的后果，即西班牙匠人的产品很快变得无人问津，人们都跑到中国人那里去买。这是因为中国的商品实在令西班牙人满意，而其价格还低廉得惊人。

当时马尼拉的华人商业主要是为了迎合西班牙人的生活需要和殖民政策。当时，这些勤勉的中国人几乎渗入了西班牙人生活的方方面面。从总督到主教再到贫穷的士兵，每个西班牙人的生活都免不了与各式各样的中国人打交道。然而西班牙人与闽南商人之间这种看似和谐、互利的关系背后，却播下了纷争和猜忌的种子，最终导致了极端的暴力。一个西班牙人可以盛赞中国人的手工技艺、商业精神和为满足西班牙人需求而耗费的苦心，但是他同时也会毫不客气地用各种苛捐杂税以及高昂的牌照费来压制中国人的商铺。在中国人看来，这些政策无疑是苛繁、无理且不公正的。举例来说，如果一个华人希望在马尼拉永久居住，每年必须缴纳 8 比索办理居住许可证，而教会也会以筹集社区基金为名，向他们摊派几个比索。对于从事海洋贸易的中国商人来说，尤其可恨的是一种 10% 的间接税。而除此之外，所有来自中国的货品还要缴纳 6% 的税款，而来自其他地区的商品则只需缴纳 3% 。

二、双方的冲突

1602 年，万历帝听信张嶷关于“吕宋机易山，其上金豆自生，遣人采取之，可得巨万”的妄言，派遣海澄县丞王时和与百户于一成去吕宋采金。他们到吕宋后，发现纯是张嶷的胡言乱语，旋即回国。以马尼拉大主教米格尔·贝纳维德斯为首的一些西班牙人则认为，中国使节是为了刺探西班牙人的虚实，不久之后中国就会派出强大的舰队进攻马尼拉，并与这里的华人里应外合，因此西班牙人应该加强防范。于是，反华、排华的言论一时在马尼拉甚嚣尘上。

与此同时，西班牙人也加紧了备战活动。他们拆毁了华人区八联最靠近马尼拉王城的那部分房屋，并建筑城墙，挖掘护城壕沟，加强马尼拉的防御工事。同时着令马尼拉邻近各省省长动员菲律宾土著，并且利用在菲日本人与华人之间的传统竞争关系，召集日本人侨领，唆使他们做好一起对抗华人的准备。此外，西班牙人还以发兵征讨他国为名，高价收购华人手中的铁器。

种种迹象使得华人深刻地意识到一场蓄意针对他们的阴谋即将来临。于是，一些不甘坐以待毙者推举华人基督徒胡安·翁塔（一般华人在加入基督教后都会获得相应的教名）为领袖，开始策划武装起义。但是华侨内部对此产生了分歧，一小部分以基督徒为主的华人决心与西班牙人为伍，希望以此能够使他们的主子网开一面；一些华人区的小工匠、小商人、盐工和铁匠等积极支持并参加起事，从而成了起义的中坚力量；一部分华人富商则选择了骑墙，他们既不彻底倒向西班牙人，也不完全加入起义者的阵营。胡安·翁塔的养父胡安·包蒂斯塔·贝拉（也是一名华人基督徒）即属于后者，他多次担任八联的华人监督官，协助西班牙人管理八联，在华人当中威望甚著。起义者曾多次推举他为领袖，但是他非但拒不受任，还暗中向阿库尼亚揭发华人的起事意图。

起义原定于1603年11月底的圣安德鲁节，但因情报泄露，不得已在1603年10月3日夜提前举事，起义的华人率先在巴石河北岸袭击并杀死了包括西班牙人头目埃斯特万·马基纳在内的20余人，并放火烧毁了他们的房子。在远处看到火光的前任菲律宾总督路易斯·佩雷斯·达斯马里纳斯猜想华人已经发起了暴动，于是派人连夜渡河到马尼拉向阿库尼亚请求支援，并且主动请缨参与对华人的镇压。10月4日，他在追击起义者时不慎落入了污泥当中，然后在华人的棍棒交加中一命呜呼。

随着局势的发展，参加起义的华人很快就达到了12000名之众，并且他们在10月6日和7日肩扛云梯，手执棍棒、斧头和少量火绳枪，一度向马尼拉王城发动了多次猛烈的进攻，但是由于伤亡惨重而被迫退守八联华人区和迪劳。随后，西班牙火枪手、日本步兵和菲律宾土著部队联合起来对起义者展开了疯狂的反扑，他们放火烧毁了曾经繁花似锦的八联华人区，并且杀死了他们遇到的每一个华人，然后用箱子、袋子等来装载他们抢来的财富。而原先留在八联的300名最富有的华商或者悬梁自尽，或者随着他们的财产化为灰烬。面对敌人的联合夹击，起义者被迫兵分三路退往内地，这也给了西班牙人将其各个击破、分批消灭的机会。截至1603年11月12日，为时41天的华人武装起义最终以失败而告终。据明人张燮所著《东西洋考》和《明史·吕宋传》所载，此次大屠杀中华人遇难者多达25000人。

西班牙人洗劫华人社区

三、明廷的回应

消息传回国内。巡抚徐学聚急忙向朝廷报告，万历帝深表哀悼。由于担心明朝会据此采取军事行动，并对本国实施贸易制裁，因此殖民当局思虑再三后，在次年（1604 年）派出使节前往中国“谢罪”，希望能够获得万历帝的谅解，并继续维持通商贸易。然而，明朝拒绝西班牙使者进京的请求，只是命令福建巡抚徐学聚接待他。

万历帝要求司法机关讨论华人私自迁徙的罪行。万历三十二年（1604 年），万历帝下诏：张嶷等欺骗朝廷，在海外惹是生非，以致两万多做生意的人民惨遭屠杀，让国家声望受损，将张嶷斩首，传示海上。西班牙总督擅自屠杀人民，巡抚讨论其罪责。徐学聚等将朝廷诏命发往吕宋，指责西班牙总督擅自杀戮的罪行，并要求将死者的家属送还，竟然讨不回来。

然而，明朝政府并没有为此事出师讨伐，为死去的华人报仇雪恨，反而在给西班牙人的檄文中公开表示，“海外争斗，未知祸首；又中国四民，商贾最贱，岂以贱民，兴动兵革？又商贾中弃家游海，压冬不回，父兄亲戚，共所不齿，弃之无所可惜，兵之反以劳师”，这种视海外华人为弃民、贱民的官方态度无异于向西班牙人暗示他们可以毫无后顾之忧地屠戮华人。

随着华人遭受屠杀，或者返回故里，马尼拉的经济陷于停滞。西班牙殖民者发现马尼拉没有粮食吃，没有鞋子穿，即使出极高的价钱也买不到。不久之后，西班牙人又开始设法吸引华人回归。他们让华人移居到萧条荒废的唐人街，并为他们提供必需的食物、衣物和日用品，恢复了这个社区的正常生活。然而这样的日子并没有持续太久。1639 年和

1662 年，不堪忍受苛捐杂税的华人再次发起抗争，又再次被镇压，唐人街又两次遭受涂炭。然而这一切并没有阻止华人的迁徙。在局势平静后，又有新的移民迁移而来。除了闽南人，还有广东人。而唐人街也在曾发生过暴力屠杀的地方再度兴旺发达。

第二章 红溪惨案

红溪惨案（Angke Massacre）也称巴城大屠杀，是指1740年10月，荷属东印度当局在爪哇的巴达维亚（今雅加达）大规模屠杀华人的事件。因肇事地点之一为城西一条名为红溪的河，故称红溪惨案。

一、事件背景

中国人侨居印尼有悠久的历史。据记载，早在1500年以前，就有一些中国人旅居印尼。16世纪下半叶，为了追逐香料贸易的暴利，荷属东印度公司的殖民者入侵爪哇岛，从而开始了对印尼长达300多年的统治。总部设在巴达维亚（今雅加达），简称巴城。荷兰人占领之初，巴城是个人口只有一两千人的渔港小镇。为了把这个小镇建成印尼的政治中心和最大的商港，荷兰人采取了许多措施。其中之一，便是招徕中国商船前来贸易并输入更多的华工。1682年，华人达到3101人，1684年，清政府开放海禁，华人源源不断来到巴城。当局开始限制人口入境，并规定华侨必须办理申请和批准手续才能进入，但收效甚微，华人雇主通过向官员行贿的方式继续引入华人苦力。至18世纪初，巴城已发展成为有十多万人的城市，华侨人数增至近两万人，他们主要从事工匠、饮食、制糖、酿酒、零售等行业，为巴城的崛起贡献良多。

进入18世纪以后，随着东印度公司在爪哇扩大侵略地盘与加强剥削，它与爪哇各族（包括华人）的矛盾日益尖锐。在爪哇岛上出现了四种不同性质的“反荷运动”，也得到了一些华人的响应。东印度公司不仅害怕中、东爪哇重新被一个强有力的反公司的统治者所统一，还害怕爆发民众运动。在巴达维亚有为数不少的华人，最使荷兰担心的是巴达维亚的华人与爪哇人联合暴动。当时，华人在爪哇有一定的地位，便被东印度公司选为摆脱严重政治危机、转移视线、挑动华人与爪哇人敌对的替罪羔羊。

从1739年到1740年年初，凡是从乡村迁入巴达维亚市区的华侨，都被强制一次又一次地申请办理居留许可证；而按照过去的传统惯例，只需一次取得居留许可证便可永久有效。许多乡村华侨由于未领取新的居留许可证而遭到拘捕，必须交出一定数量的现款才能获释。这些被捕华侨，在监禁期间受尽虐待，他们的财产也被剥夺。从1739年年底至1740年2月春节，勿加泗等地约有100名华侨被捕，使巴达维亚周围的华侨十分慌乱，并且产生不满和忧虑。1740年2月4日，本地人事务司司长罗伊给总督瓦尔庚尼尔写信，声称有若干名华侨企图攻击监狱以营救被捕的同胞。1740年7月25日，东印度评政院通过决议，对华侨采取更加苛刻的措施，规定：凡是被认为可疑

荷兰总督瓦尔庚尼尔

的华侨，不论有无居留许可证，都要逮捕待审；凡是不能证明其有正当职业的华侨，一律遣送锡兰，由荷兰殖民当局做最后的处置。

1740 年 7 月 25 日决议的执行，给巴达维亚华侨各阶层都带来了痛苦和灾难：荷兰殖民者乘检查居留许可证之机，向华侨大肆敲诈勒索。被捕者往往并不是失业者和流浪汉，而是有名望的人和大富翁，其目的在于索取大笔赎身费。因此，不论有无证件的华侨，也不论其家境是否宽裕，个个都惶惶不可终日。许多华侨（大多数是最下层的）被迫离开自己的住处，逃往万丹和乡间。他们当中有不少人逃往丛林地带，在那里寻求避难处。巴达维亚市内很多天都很难买到各种食品。

二、华侨起义

自决议被执行之后，巴达维亚郊区华侨的反荷活动便开始出现了。9 月下旬，郊区华侨加紧聚集力量，酝酿起义。在坎塔里亚附近的糖厂里聚集的华侨起义者，从最初的 1000 余人增至 5000 人以上，推举施班让为领袖。9 月 26 日，总督瓦尔庚尼尔得知华侨准备造反的消息，于是召集会议，通知政府官员准备采取必要措施。9 月 27 日，又有消息说：一群华侨已在乡间集合，并且冒险地靠近巴达维亚郊区的荷军前哨基地。但当时东印度评政院对这消息毫不在乎，认为中国人是“世界上最胆小的民族”，不至于胆敢进犯巴达维亚荷军前哨基地。

事态不断发展，至 1740 年 10 月初，有消息称，约有 200 名华侨武装队伍正在向班宁阿朗推进，且有一位土著军官在班宁阿朗被杀死了。与此同时，干冬圩的哨兵称，有约 600 人的华侨武装队伍，举着战旗，擂着战鼓，向荷军岗哨开来，并请求支援。东印度评政院这才开始认识到局势的严重性。由于感到防卫兵力不足，防御工事也薄弱，荷兰殖民者最初设法避免武装冲突，派人同华侨武装队伍举行谈判。但谈判并不顺利。于是，荷兰殖民者决定攻击华侨武装队伍。10 月 7 日下午，从巴达维亚城内开往文登的荷军，中途遭到华侨武装队伍的伏击，有 2 名军官和 14 名士兵被打死。10 月 8 日早晨，双方再次交战。10 月 8 日晚上，郊区华侨起义正式爆发了，起义者向巴达维亚各城门发动进攻。

自从发生 10 月 7 日郊区华侨武装队伍伏击荷军的事件之后，荷兰殖民者害怕巴达维业城内华侨也参与城外华侨的起义，于是准备先发制人，在 10 月 8 日上午向城内华侨发出命令：（1）禁止进城带走妇女。这是因为从 10 月 7 日开始有许多华侨妇女视城内为危险之地而纷纷逃到城外躲避。（2）华侨凡有拒绝交出武器或者反抗司法官和反抗从旁经过的士兵者，枪毙。（3）从下午 6 点 30 分起，华侨必须闭门静坐，不准点灯，不准外出。10 月 9 日早晨，荷军击退了 10 月 8 日晚进攻各城门的郊区华侨起义者。同一天，荷军将所有在押的华侨立即用船运载出海。城内随即传出可怕的“谣言”：这些被运往锡兰的华侨在中途被扔进大海。这引起城内华侨的不安和极大愤怒。有人谋议：“与其坐以待毙，不如起而作难，庶几死中求生。”有人逃出城外，荷军派兵追擒；逃者除被杀死的之外，被抓回城的就有数百人。同一天下午，城内有几处华侨房屋突然发生火灾，起火原因不明。但荷兰殖民者硬说这是城内华侨同城外华侨起义者联合行动的信号，由此找到了屠杀城内华侨的借口。于是，10 月 9 日的晚上，大屠杀开始了。

先是荷兰东印度公司职员倾巢出动，向城内华侨住宅挨户搜查私藏武器。由于公司早有禁止夜出的命令，各家华侨都遵命闭门静坐，不知是计。就在这天夜里，在总督瓦尔庚尼尔的指使下，荷兰水手、士兵、市民冲到街头，屠杀他们所遇到的每一个华侨。一部分印尼奴隶也受到荷兰殖民当局的煽动和唆使，参与屠杀。大火从下午烧到晚上，夜幕降临之后，火势更猛，有 600 余间华侨房屋被烧成灰烬。暴徒们烧杀劫掠，且因抢夺赃物而互相激烈争吵和格斗。屠杀持续 7 天，城内华侨被杀近万人，侥幸逃出者仅 150 人，被焚毁和劫掠的华侨房屋达六七百间，财产损失无法估计。

双方战争图

街道流满了被杀者的鲜血，华人城区的洪（红）溪（Ang Kee）河水也被遇害者的尸体堵塞，鲜血染红了河水。这次大屠杀，历史上称为红溪事件或红溪惨案。过去有些历史书说“红溪”之名是由这次大屠杀把溪水染红而来的，但新加坡华人历史学家许云樵在 1953 年校注程日炌撰《噶喇吧纪略》时发现，红溪（洪溪）之名早在 1740 年大屠杀以前就已经有了。

巴达维亚城外华侨在施班让指挥下，与荷军激战，伤亡千余人，后转战中爪哇，斗争持续到 1743 年。

三、清廷的反应

荷兰殖民者做贼心虚，深惧清政府问罪责难，总督瓦尔庚尼尔被逮捕并死在监狱里，并严密封锁惨案的消息。他们对当年冬季前往巴达维亚贸易的中国商船防范更严，不让其接触幸存的华侨。为了掩盖事实真相，当这批中国商船起程返航时，殖民者们多方慰藉，答应下年照旧贸易。

但是纸包不住火，早在中国商船返航之前，红溪惨案的消息就已经传到国内，在福建等侨乡引起极大关注。福建总督策楞上奏朝廷，认为海外华侨为朝廷罪人，草芥不如，遭此巨难，孽由自作。但是荷兰人因其地偏远，肆意残害，担心他们以后会扰及商船。所以请求禁止南洋商贩，荷兰人就会畏惧。广东道监察御史李清芳则主张，全面禁止对南洋的贸易很不划算，因为海外贸易中，南洋占了90%。如果禁止贸易，那么会导致财政收入大幅度下降。故主张只暂停与荷兰贸易。议政王大臣广禄在听取了各方面的报告后，考虑到荷兰已经将其总督罢黜问责，奏云："将南洋一带诸番仍准其照旧通商，以广我皇上德教覃敷，洋溢四海之至意。"乾隆随即谕旨允准。

李长傅在《中国殖民史》中论述红溪惨案时，提及巴城旧炮台日记载，荷兰殖民者恐清廷问罪，于次年遣使奉书谢罪，谓事出万不得已，以致累及无辜云云。乾隆帝则表示，"天朝之弃民，不惜背弃祖宗庐墓，出洋谋利，朝廷概不闻问"。现在一些华侨史的文章中亦时常引用这则史料。然而，中国第一历史档案馆所藏有关这一事件的各件档案及《清高宗实录》等书，均未曾提及此事，特别是乾隆七年十月议政王大臣广禄等就此案做出终议时，亦无片言及此。又据国外威廉教授云，乾隆并没有回书。

第三章 墨西哥托雷翁城惨案

1911年5月13日，墨西哥反政府武装在弗兰西斯科·马德罗的领导下，向墨西哥北部城市托雷翁发起进攻。效忠现任总统波菲里奥·迪亚斯的联邦政府军在两天之后放弃抵抗，撤出托雷翁城，马德罗的军队随之开了进来。随着叛军进城的是一群暴民，他们像蝗虫一样突然出现在托雷翁城内的繁华商业区，大肆屠杀和洗劫那里的中国商户。在十多个小时之内，300多名华人当场被杀死，造成震惊世界的流血惨案。

一、墨西哥的中国移民

17世纪前，墨西哥和中国之间，曾经有着历史悠久的“大船贸易”，那些马尼拉大帆船上的中国船员，是最早进入墨西哥的华人，不过华人人数始终很少。1877年，墨西哥将军波菲里奥·迪亚斯就任总统。在其当政的时间里，墨西哥经济高速发展，而这又需要外资、技术、专家和市场。由于缺乏可用土地和收入较好的工作，最受墨西哥人欢迎的欧洲天主教徒移民人数不多，所以墨西哥同意接收少量的不那么有吸引力的开拓者，其中包括温顺耐劳的亚洲移民。1893年，墨西哥终于与中国签订了《友好通商条约》，其中包括“最惠国”待遇条款。

因为美国1882年《排华法案》实际上终止了中国移民进入美国，因此墨西哥便成为对中国移民有吸引力的去处。事实上，到1893年条约签订时，华埠已在北方几个州建立起来，如下加利福尼亚、索诺拉等地。

进入墨西哥的华人最初多在铁路、农庄和矿山劳作，或以洗衣为业，后转而从事蔬菜百货的批发和零售，成为较为殷实的商户。到1910年，旅居墨西哥的华人已达13200多人，高峰时达27800多人，大部分定居在墨西哥北部诸省，包括托雷翁城（Torreon）。托雷翁城的华人约有600人，他们不仅经营着餐馆、旅店、洗衣房、杂货店，还拥有一家资金雄厚的华资银行，并在托雷翁城内修建了一条有轨电车线路。当地蔬菜市场的批发和零售基本上为华人所垄断。

托雷翁城华人在商业方面的成就，和保皇党人康有为的扶持和指导分不开。康有为鼓吹“君主立宪”，1898年“戊戌政变”失败后流亡海外，在海外组织保皇党，向华人募捐。1906年，康有为到达墨西哥。他在视察了华人在墨西哥各地的商业经营状况之后，对托雷翁城产生了特殊兴趣。彼时的托雷翁城正在建造大型冶炼场、机器制造厂，逐步成为墨西哥北部的一个工业重镇。伴随着托雷翁城经济的快速发展，房地产业也日益兴盛起来。康有为看准时机，用个人资金进行房地产投资，转手之间，净赚十多万银圆，约合今天的100万美元。

康有为在房地产投资上的成功，促使其投资设立的商业公司决定在托雷翁城建立一家银行。1906年秋，华墨商业银行获得墨西哥政府颁发的营业执照，正式挂牌营业。这个银行融集了墨西哥各地华商资金，用以从事房地产投资。为了促进房地产销售业务，华墨商业银行还征得墨西哥政府批准，于1907年在托雷翁东城建造了一条长达8英里的有轨电车线路，计划建成后由商业公司管理这条线路上的电车营运。1907康有为回到托雷翁城，重新组建华墨银行，并指定当地侨领黄宽焯为行长。尽管华墨银行的经营也曾遇到过挫折，但到1908年为止，银行累积了相当的资产，并将其中大部分用于托雷翁城内的楼市投资和建造有轨电车线路。可以说，对托雷翁城的兴起和发展，华人做出了极大贡献。

二、托雷翁惨案

1910—1920年墨西哥爆发革命。起因是墨西哥人民对波菲里奥·迪亚斯长期的独裁统治的普遍不满。1910年时迪亚斯已经连任六届，他想第七次连任总统时，遭到国内人民的反对。1911年春，革命军攻克首都华雷斯，5月迪亚斯被迫辞职，逃亡国外，弗兰西斯科·马德罗成为墨西哥新总统。

1910年墨西哥革命

在1910年墨西哥革命之前，只有墨西哥的激进党即劳工自由党，曾指控华侨损害了墨西哥人的利益，不过该党将其仇外情绪主要集中于美国人身上，1906 年的卡纳内阿大罢工就是有名的例子。革命前，针对华侨的种族主义的言辞，尽管有许多说法并非闻所未闻，但还没有喧嚣起来。1911 年，迪亚斯政权垮台后，潜伏着的反亚洲人的感情便表面化了。不仅如此，北方墨西哥人开始集中精力广泛普遍地排斥外国人，尤其是华侨。

由于亚洲国家没有在墨西哥设立领事馆，因而亚洲移民不得不依赖美国领事个人的帮助，这在中美关系中增加了反常的讽刺意味，尽管美国仍实行排华法案，但在墨西哥，美国人感到了自己对华侨的保护责任，这一方面是因为他们同是处在敌意日益增长环境中的外籍侨民，另一方面他们中许多人与华侨有着雇主与雇工、主人与随从、地主与承租者的关系。当地原住民的排外感情是根深蒂固的。革命前，他们主要反对美国人，革命时期，他们激烈地反对华侨。引起这种反华情绪的除了华侨自身的活动外，还可能由于华侨犯了和更可恨的美国人“相勾结的罪行”。

1911 年 5 月 13 日清晨，效忠革命军创始人弗兰西斯科·马德罗的两千多士兵抵达托雷翁。驻守托雷翁的联邦政府军没开几枪就逃跑了。接下来几个小时，托雷翁陷入无政府状态。暴民和叛军拥入华人的商业区大肆洗劫，破坏商铺，还在大街上到处追杀中国人，抢走他们身上值钱的东西。托雷翁城内的 1 个华人活动中心、40 家日用百货市场、4 家洗衣房、5 家餐馆、10 个菜摊、23 个食品摊以及多个菜园悉数遭到破坏。康有为保皇党旗下的华墨银行也遭到重创。大屠杀从凌晨六时开始，一直持续到下午四时，十小时的大屠杀，303 名中国人惨遭杀害，财产损失更是无法估量。

在内战的混乱中，在墨西哥投资经商的美国人、德国人、西班牙人、阿拉伯人和土耳其人都遭受到不同程度的财产损失，但华人受损最重。此外，死者中还包括 5 名日本人，他们因被误认为中国人而惨遭毒手。

三、清政府的应对策略

同年 6 月 4 日，中国驻美外交大使张荫棠前往墨西哥首都，会见了当地的外交部部长与总统，商讨这起惨案的善后工作。在此过程中，美国驻墨大使给张荫棠提了很多宝贵的建议，他说："墨西哥此时正值新旧政权争势，新旧政权都会估计到声誉，就算不怕中方介入威慑，也会害怕在国际上留下坏名声。"所以，他建议中方外交官："倘若墨西哥人拒绝赔偿，可以将墨西哥民众屠杀华人，以及不肯抚恤赔偿的情况通报给世界各国，到时候墨西哥将会为国际各方所不齿，这才是墨西哥人最忌惮的。"

清政府聘用了一个在墨西哥开业的美国律师利伯·威尔夫利前往调查屠杀事件。该人是由美国国务院拉美事务司推荐的。6 月中，威尔夫利派出他的合作者阿瑟·巴塞特前往当地进行调查。巴塞特在听取墨西哥人和华人证人的证言之后，在 7 月 13 日将报告发给张荫棠。张荫棠递交给墨西哥的国书否认了华人向反政府军士兵开枪的指控。他引用了由华人工商社团发出的通报来说明华人的和平和温顺。在该通告里社团劝告成员们在遭受反政府军士兵劫掠的时候不要抵抗。巴塞特还提到了 1910 年托雷翁城和 1911 年 5 月初在异地的反华言论示威这些不加遮掩的公开种族歧视言行。此外，他还补充道，政府军是由于弹药不足而撤离的，因此没有什么可能性向华人提供弹药，此外并没有其他证人证明华人曾进行抵抗。巴塞特总结道：对华人的屠杀毫无理据，是纯粹的恶意和种族仇恨。

与此同时，清政府果断派出当时正在英美访问的主力战舰——"海圻”号驶向墨西哥。名义上是“宣慰侨胞”，同时也是一种施压姿态。“海圻”号是当时中国海军最强大的战舰，由英国阿姆斯特朗公司建造。排水量4300吨，舰长120.7米，宽14.22米。装备203毫米主炮两门、120毫米炮十门、18英寸口径鱼雷发射管五具。海圻舰到了古巴等地，并未到达墨西哥，但是这种姿态还是起了作用。由于海圻舰的到来，更由于当时多国对墨西哥施加的强烈政治压力，墨西哥向清政府做出让步。清王朝在帝国将要崩溃之前，挽回了一点面子。

海圻舰

经过马拉松式谈判且经历了一次王朝更替，1912年11月墨西哥和民国政府终于就赔偿问题达成一致。墨西哥政府愿意向在1910年11月20日到1911年12月16日之间在墨西哥遇害的华人支付赔偿。稍后两国正式签署协议，墨西哥将赔偿310万比索。尽管墨西哥依旧拒绝为士兵的暴行承担国家责任，但愿意就事件表示道歉和支付赔偿。据刘禺生所著《世载堂杂忆》记载：当时，伍廷芳亲赴墨西哥，同墨外长发生冲突，拍案而起，声称要电告中国政府调兵船来。墨西哥政府闻说，急忙请美国国务卿出面调停，停止排华。伍廷芳回到美国后，有留学生问他："老博士何毅然敢言绝交?"伍廷芳回答："在华盛顿出发赴墨时，美国务卿与予最善，予与彼密谈，如在墨西哥交涉决裂，彼已应允负责调停矣。"

1912年12月13日的中墨新协议规定赔偿应在1913年2月15日前支付。然而马德罗总统在1913年2月遇害，使得之后的整年里墨西哥政局都动荡不安，向中国支付赔偿的财力受到影响。最终，除了几纸空文外，不论是现金还是债券，墨西哥都没有支付过一文钱。然而，之后的中国政府并未放弃替在墨西哥的华人出气的要求，并且坚持对屠杀的凶手进行惩罚。此后，当地设立的军事法庭拘捕了35个涉嫌参与屠杀的士兵。

在此期间，清政府曾派欧阳庚为驻墨西哥专案特使，办理索赔专案。同时由摄政王载沣批准，张荫棠幕僚王国维、罗振玉托查"华侨中有无殷人东迁的痕迹"。索赔案完成得很顺利。正当欧阳特使准备查询"殷人东迁"时，一天，居住在墨西哥奇瓦瓦（Chihuahua）地区的殷福布族（Infubu）印第安人百余家，围着特使馆请愿，"墨西哥革命时杀死'印第安人'750名，这些'印第安人'为中国血统，殷人后裔，叫殷福布族，是三千年前从天国经天之浮桥岛到这里的，请求清政府保护索赔"。欧阳庚将此事报告摄政王载沣后，载沣正被国内事务弄得焦头烂额，自己都顾不过来，哪还顾得上那么大老远的事，遂以"传闻难作三千年前之历史"使此事不了了之。

第二编 02

风雨同舟

本编序

近代以来，海外华侨始终高举爱国主义大旗，为了中华的崛起进行不屈不挠的斗争。他们心系祖国、扶危济困、慷慨捐献。但凡中国面临困难，海外同胞不分长幼、不论贫富，都表现出与祖国人民休戚与共的情怀。

在辛亥革命时期，海外华侨支持孙中山的革命活动，捐款捐物，不遗余力。孙中山先生曾言："同盟会之成，多赖海外华侨之力。"他们参加反清起义，浩气长存。在抗日战争时期，海外华侨社会更掀起了声势浩大的抗日救国运动，不论党派、不论阶层，都集结在抗日救国的旗帜下，一笔笔义捐汇回国内，一车车药品运到前方战士那里。3000 多名南洋华侨机工冒着生命危险，驰走在崇山峻岭的滇缅公路上，保持了这条战略大动脉的畅通。

在抗美援朝战争中，广大归国华侨与海外侨胞发扬高度的爱国主义精神，以赤子之心，满腔热忱地支持祖国人民的抗美援朝斗争，慰问中国人民志愿军，积极参军参战，参加反封锁、反禁运斗争，捐款捐物，购买飞机大炮，为抗美援朝战争取得伟大胜利，加快新中国建设步伐做出了重大贡献。

1987 年 5 月 6 日至 6 月 2 日中国大兴安岭发生罕见火灾，熊熊大火持续 28 天，经济损失惨重。华人华侨及港澳同胞以个人或团体名义采取多种方式纷纷向灾区捐款捐物。1998 年 7—9 月，嫩江、松花江、长江遭受了一场特大洪灾。这场洪灾给嫩江、松花江和长江流域各省市带来了巨大损失。世界各地华人华侨纷纷慷慨解囊，为祖国抗击洪水贡献自己的力量。华人华侨的捐赠活动与中国的抗洪救灾相伴始终，其间众多事迹可歌可泣，十分感人。

2003 年 4 月，中国出现非典型性肺炎（简称“非典”）疫情。一些受“非典”病魔严重困扰的地区出现医用物资短缺的情况，防护口罩、防护服、温度计、消毒液、清洁液等医用品供不应求。在此情况下，华侨华人、港澳同胞发扬慈善公益精神，踊跃向国内捐款捐物。在亚洲，泰国中华总商会率先捐款以支持中国人民抗击“非典”，随后，泰国各华人社团纷纷响应，展开募捐行动。在欧洲，法国华侨华人为支持祖国抗击“非典”纷纷捐款。在美洲，加拿大华人专业联合会为支持中国抗击“非典”而发起的募捐活动得到众多华人团体的响应。据不完全统计，截至 2003 年 6 月初，北京、天津等 19 个省市接受华侨华人相赠的货币及物资折合人民币共 226 亿元。

2008 年 5 月 12 日，四川省汶川县发生了里氏 8.0 级特大地震灾害。地震波及了陕西、甘肃、重庆、云南等 8 个省和直辖市，造成大量房屋倒塌、人员伤亡和财产损失。突如其来的大地震牵动了每个海外华侨华人的心，世界各地华侨华人迅速行动起来，捐款捐物，慈善事迹数不胜数。截至 2008 年 6 月 1 日，全球华侨华人通过驻外机构、中国红十字会、慈善总会等各种途径为中国抗震救灾捐赠款物已达 11.33 亿元。大家众志成城、共克时艰。

类似故事，不一而足，彰显了华人华侨与祖国风雨同舟、休戚与共的情怀。本编所记述的就是几个华侨华人援助祖国的典型的事例，其中最近的一次是应对2020年突降的新冠肺炎疫情。历史将永远铭记华人华侨的无私奉献，新中国将永远铭记他们的伟大贡献。

第四章　爱国华侨陈嘉庚

陈嘉庚（1874—1961），福建同安集美村（今厦门）人，早年在南轩私塾就学，读过“四书五经”等书。1891年他渡海到新加坡，在其父亲经营的顺安米店做帮工。1904年创设菠萝罐头厂，后又经营橡胶种植园、橡胶制造厂、木材厂等。由于经营有方，企业得以迅速发展，营业范围远及五大洲，雇用职工达3万余人。陈嘉庚也确立了在南洋华商中的领袖地位。南洋华侨原本帮派林立，彼此之间也有矛盾，只有陈嘉庚称得上是南洋800万侨胞唯一公认的领袖。

一、政治活动

陈嘉庚虽身处南洋，但一直心系中国，积极支持中国国内的革命活动。1909年，陈嘉庚经友人介绍，认识了孙中山先生。1910年，他正式加入同盟会，并积极支持孙中山的革命活动。辛亥革命后，陈嘉庚在新加坡就任福建“保安会”会长，筹款两万银圆支援福建。不久，福建都督孙道仁发电要求陈嘉庚再次汇款给予支持，陈嘉庚为此热情奔走，发动华侨踊跃捐献，月余间，汇款十多万元，给予新政府以有力的支持。

1928年5月，北伐军攻克济南。日军以保护侨民为名，屠杀济南军民17000多人，制造了“济南惨案”。惨案发生后，中国人民的反日情绪高涨。消息传到海外，陈嘉庚担任“山东惨祸筹赈会”主席，积极筹款救济难民。

陈嘉庚号召华侨支持祖国抗日

1937年抗日战争全面爆发，“南洋华侨筹赈祖国难民总会”（简称“南侨总会”）在新加坡成立，陈嘉庚被推选为主席。他自己带头捐款，还组织各类活动。“富商巨贾既不吝金钱，小贩劳工亦倾尽血汗。”南侨总会成立仅一年时间，总会的分支机构即发展到80多个。仅1939年一年，南洋华侨就向祖国汇款3.6亿多元。整个抗日战争时期，陈嘉庚号召的捐款达到了15亿美元，已经足够支持整个抗日战争中国的所有军费了。可以说，当时如果没有南洋商人们，中国很难打赢这场战争。

1940年，日本占领法属印度支那，封锁了中国的海上交通。之后通过缅甸的道路成为国民政府的最主要的军运动脉。为了保证道路畅通，国民政府不但需要大批军运汽车，而且急需大批熟练的司机和汽车修理工。遂恳请陈嘉庚先生在南洋代招募司机和修理工（通称“南侨机工”或“华侨机工”）。陈嘉庚领导的南侨总会遂于1939年2月迅速发出《征募汽车修机、驶机人员回国服务》的第六号通告。陈嘉庚一方面号召华侨捐款捐物，购买大量汽车和军需物品，另一方面还亲自到南洋各埠演说动员。广大华侨青年热烈响应、纷纷报名参加。同年2月18日，首批南侨机工回国服务团成员80名在新加坡集中出发，南侨总会举行盛大欢送会。陈嘉庚勉励大家：“你们是代表千万华侨回国服务的，一定要坚持到底。”新加坡报纸出版欢送专刊，把首批回国机工赞颂为“八十先锋队”。

1940年3月，66岁的陈嘉庚亲自率领南侨总会组织的“南洋华侨回国慰劳考察团”，参观了重庆、延安等地，与国共两党都进行了接触。从1927年到1940年回重庆之前，他是坚决的“拥蒋派”，称“蒋委员长乃中国国内外四万万七千万同胞共同拥戴之唯一领袖”。抗战义捐款项悉数汇交国民政府行政院。然而在重庆访问期间，陈嘉庚所闻不外是惯例营业，机关滥设，特务横行，民不聊生。所见长衣马褂，脂粉旗袍，灯红酒绿。他私下为国民党要员的假公济私、贪污舞弊和生活奢华行为而叹息。

陈嘉庚访问延安是他政治生活的一个里程碑。他收到毛泽东的邀请后，于1940年5月31日抵达延安。他原定在延安停留三天，恰巧因随行的李铁民车祸住院，就在延安多住了几天，陈嘉庚当时访问延安是需要一定的胆略的。当时延安临近前方，经常受到空袭。延安城已被日机炸平，新建的窑洞也有被炸塌的，空袭警报的枪声不时响起。就在陈嘉庚先生访问延安之前的4、5月，王震将军刚率领三五九旅粉碎了日寇对晋西北河防的六路进攻，山西全境的八路军配合晋西北战场，大破日军，歼敌五万余名。在陕甘宁边区，保卫延安的战备大演习刚刚结束，留延安的200多名华侨青年，也在各自的学校、机关参加了演习，随时准备行军打仗。

在访问延安期间，陈嘉庚先生参加了四次群众性集会，同毛泽东、朱德和其他党政领导人多次会晤，深入交谈。他还参观了中国女子大学、抗日军政大学、延安市容和安塞钢铁厂、印刷厂等。他广泛接触集美学校和厦门大学的校友，并同延安归国华侨青年进行了多次接触和座谈。与毛泽东会面时，毛泽东曾对陈嘉庚描绘未来的国家：一没贪官污吏；二没土豪劣绅；三没赌博；四没娼妓；五没小老婆；六没叫花子；七没结党营私之徒；八没萎靡不振之气；九没人吃摩擦饭；十没人发国难财。

陈嘉庚这次访问延安，经过实地考察，亲眼看到边区军民一致，官兵一致，认为这是“克敌制胜之本”。反观国民党“大后方”官员腐败，坐待外援，民众疾苦无人过问，军事节节失利。对比之下，感到中国共产党深知民心侨心，国民党无视民心侨心。陈嘉庚说，这次访问延安最感满意的是，真正看到中共坚持国共团结、坚持抗战到底，及边区各界艰苦奋斗的精神。通过这次访问他坚定了对抗战胜利的信心，且断定“中国的希望在延安”。

1941年，陈嘉庚被推为南侨总会第二届主席。12月，太平洋战争爆发，陈嘉庚领导组织新加坡华侨抗敌总会。1942年年初，日军南侵，新加坡沦陷。陈嘉庚未及通知家属，即与友人乘船离开新加坡，辗转到印尼等地避难。日军重金悬赏通缉他，致陈嘉庚数度迁徙。

1945年8月，日本投降，陈嘉庚返回新加坡，结束了沦陷时期的流亡生活。消息传开，海内外爱国的中华儿女，都为他额手称庆。10

月 11 日，新加坡五百社团为他举行欢迎会。在国内，11 月 8 日，500 多名当政要人和社会名人参加了“陈嘉庚安全庆祝大会”。会堂上悬挂着许多祝词。毛泽东的条幅上书写“华侨旗帜，民族光辉”。邵力子主持大会，称赞曰：“陈先生的一生就是，兴实业，办教育，勤劳国事，言人所不敢言，为人所不敢为。”

1946 年国共内战爆发后，陈嘉庚反对美国援助蒋介石，以南侨总会主席名义致电美国总统和国会表示抗议。陈嘉庚还抵制蒋介石召开的国民大会，指出蒋介石“一夫独裁，遂不惜媚外卖国以巩固地位，消灭异己，较之石敬瑭、秦桧、吴三桂、汪精卫诸贼，有过而无不及”。1947 年，他又组织“新加坡华侨各界促进祖国和平民主联合会”，积极声援民主党派关于制止内战的斗争。

1949 年 5 月，陈嘉庚应毛泽东的邀请，回国参加中国人民政治协商会议筹备会议，当年 9 月，以华侨首席代表身份参加中国人民政治协商会议。10 月 1 日，在天安门城楼参加了中华人民共和国开国大典。此后，陈嘉庚历任中央人民政府委员、中国人民政治协商会议第一届全国委员会常务委员、中央华侨事务委员会委员、华东行政委员会副主席、中华全国归国华侨联合会主席、第一届全国人大常委会委员、政协第三届全国委员会副主席等职务。在任期间，他为如何加强海外华侨与祖国的联系以及国内经济建设提出了许多宝贵意见。

1961 年 8 月 12 日，陈嘉庚病逝于北京，享年 87 岁。8 月 15 日上午，首都各界举行公祭陈嘉庚大会，由周恩来总理担任“陈嘉庚先生治丧委员会”的主任委员，主祭人周恩来总理，华侨事务委员会主任廖承志致悼词。周总理和朱德委员长领先执绋，在哀乐中护送灵柩上灵车，然后用专列载往厦门。8 月 20 日下午，运载灵柩的专列抵达集美，由时任中共福建省委书记林一心、副省长梁灵光及从北京护送灵柩来的侨务委员会副主任庄希泉等领先执绋，将灵柩送到福建集美鳌园安葬。

二、捐资助学

陈嘉庚早年无资财之时便热衷于公益事业，其自述“生平志趣，自廿岁时，对乡党祠堂私塾及社会义务诸事，颇具热心”。陈嘉庚的重要贡献之一就是捐资助学。他说：“民智不开，民心不齐，启迪民智，有助于革命，有助于救国，其理甚明。教育是千秋万代的事业，是提高国民文化水平的根本措施，不管什么时候都需要。”为国家和民族他不惜倾资办学。

早在清光绪二十年（1894 年），他就捐献 2000 银圆，在家乡创办惕斋学塾。1914 年创办集美高初两等学校，此后又相继创办女子小学、师范、中学等，并在学校建立起科学馆、图书馆、大型体育场。学校规模宏大，体系完整。1923 年，粤军与闽军分别屯集在集美和厦门岛高崎，隔海对峙，开枪互击。集美一学生在乘船前往厦门的途中中弹身亡，陈嘉庚与林义顺从新加坡联名通电，要求确保集美学校的安宁，南北各路军阀纷纷同意订立集美和平学村公约，特别批准“承认集美为中国永久和平学村”。“集美学村”之名由此而来。

1921 年，陈嘉庚认捐开办费 100 万元，常年费分 12 年付款共 300 万元，创办了厦门大学。在关于创办厦门大学的通告中，他阐明了筹办大学的动机和目的：“吾闽僻处海隅，地瘠民贫。莘莘学子，难造高深者，良以远方留学则费重难期，省内兴办则政府难期。长此以往，吾闽岂有自由幸福之日耶？且门户洞开，列强环伺，存亡绝续，逼于眉睫。吾人若复袖手旁观，放弃责任，后患何堪设想！鄙人久客南洋，志怀祖国，希图报效，已非一日。不揣冒昧，拟倡办大学校，并附设高等师范于厦门。”

厦门大学于1921年4月6日开学。初设师范、商学两部，后陆续增设工学、新闻、法学等。到1930年，有文、理、法、商、教育五院17个系。厦门大学是当时福建省唯一的大学，也是国内科系最多的五所大学之一。应聘来执教的，有不少一流的名教授，如文学家鲁迅，动物学家秉志，何博李（德国人），数学家姜立夫，化学家刘树祺等人。后来世界经济不景气严重打击华侨企业，陈嘉庚面对艰难境遇，态度仍很坚定地说："宁可变卖大厦，也要支持厦大。"他把自己三座大厦卖了，作为维持厦大的经费。在陈嘉庚的苦心经营下，厦门大学在军阀混战和社会动乱的环境中，艰难地成长起来。

陈嘉庚先生创办的厦门大学部分校舍

在承担集美、厦大两校庞大开支的同时，陈嘉庚还于1921年联络新加坡华侨，组织同安教育会，支持同安县创办40多所小学。1924年，陈嘉庚把同安教育会改为集美学校教育推广部。至1935年，先后补助本省20个县市的73所中小学，补助总额达193227银圆，全部由陈嘉庚承担。

“盖厦集两校，经费浩大，必有基金为盾，校业方有强健之基。”为使集美学校能有持续的经费来源，在1919年5月第五次返乡前，陈嘉庚便将其在南洋的所有不动产捐作集美学校发展的永久基金，并把自己经商所得利润，除去花销、分红和留一部分添入资本外，其余悉数寄回国内用于教育事业。1942年，陈嘉庚授命其次子陈厥祥筹办“集美实业股份有限公司”和“集友银行”，规定公司股东股息和红利及“集友银行”盈利的20%用于厦门集美学校的办学。据统计，1972年至2007年，集友银行共资助集美学校9.65亿港元，平均每年捐助8000万港元。陈嘉庚以此种方式筹集办学经费实乃一创举，解决了办学资金难以持续的问题，极大地保障了集美学校的发展与壮大。

在侨居地，陈嘉庚竭力倡办华文学校，曾任新加坡道南学校总理。1915年在新加坡捐资创办崇福女校，1919年又捐资三万元创建南洋华侨中学，后来又捐40多万元作为该校基金。在抗日战争结束后，他又创办水产航海学校、南侨师范和南侨女中等学校。在新加坡，曾受到陈嘉庚捐助的学校就有道南、爱同、南洋工商、英华、莱佛士中学、启发、南侨中学等共计20余所。

受西方文化的影响，陈嘉庚推崇西方国家人民有治国治教育的权利，认为西方国人踊跃捐资兴学，是因为其拥有兴办教育为国民天职的意识，并一再地表示他倾资兴办私立厦门大学等公益事业，不过是如西方国人一样，聊尽国民天职而已。他说：“西洋捐资兴学已蔚成风气，是以余虽办有集美、厦大两校，不足资宣扬，实聊尽国民之天职而已。”他希望有志之士，闻风继起，振我中华。故虽企业收盘，他仍多方筹措校费，艰苦支撑，百折不挠，估计他一生用于办学的款项，约达一亿美元以上。在他的倡导下，许多华侨纷纷捐资兴学，蔚然成风，影响极为深远。

1949 年 9 月 21 日，中国人民解放军打响了解放集美的第一枪。在这个决定集美学村命运的关键时刻，29 军 85 师师部接到中共中央军委副主席周恩来的指示："集美学校是爱国华侨陈嘉庚先生创办的，一定要保护好。"为了贯彻周恩来的指示，人民解放军决定不组织炮兵火力毁击蒋军碉堡和炮兵阵地，全部使用轻型武器。23 日下午 5 时许集美解放了，师生和村民无一伤亡，集美学校校舍和村民民宅得到了有效的保护。但 253 团指战员在解放集美的战斗中付出了惨重的代价，伤亡 200 余人，其中牺牲 80 多人。

中华人民共和国成立初期，陈嘉庚表达了将集美学校无条件献给政府办理的意愿。周恩来总理考虑到集美学校的悠久历史和在海内外的声誉以及鼓励华侨捐资办学，希望陈嘉庚先生维持私立名义，而由政府给予部分补助。1952 年 3 月，陈嘉庚为了扩充集美水产商船专科学校和集美水产航海职业学校，并提高两校学生的助学金标准，亲自致函教育部部长马叙伦，并写信给周总理。周总理很重视，即指示教育部核办。

三、慈善和公益事业

陈嘉庚始终热衷于慈善事业。据《南侨回忆录》记载，陈嘉庚曾多次征集药方和医书，印制后免费赠予乡民。第一次花钱编印医书《验方新编》时，他才 20 多岁。他指出，"夫公益义务固不待富而后行，如必待富而后行，则一生终无可为之日"。"万事非财不举"，慈善事业同样需要资金支持，陈嘉庚深知此中道理，也正因为这样，他非常重视募捐活动。

1906 年 11 月的江苏洪涝灾害、1908 年的漳州水灾、1917 年的天津水灾、1918 年的潮汕地震、1920 年的威海饥荒、1922 年的潮汕风灾、1924 年的广东和福州水灾以及 1929 年的陕西和甘肃旱灾，在这些灾害发生后，陈嘉庚对灾区人民施以援手、多方筹款赈灾。1917 年，天津发生水灾，陈嘉庚担任新加坡华侨筹款救济会主席，计募 20 余万元。1928 年，日军占领济南，陈嘉庚担任新加坡“山东惨祸筹赈会”主席。1935 年，中国 11 个省发生严重水灾，陈嘉庚担任“华侨筹赈祖国水灾会”会长，动员华侨为国内灾民捐款。

陈嘉庚对于文化事业，也是积极支持。范长江、夏衍等人主办的“国际新闻社”，宣传抗日救国，写信向陈嘉庚求助，陈嘉庚立即汇去 15000 港元。范长江又倡办《华商报》股份有限公司，陈嘉庚慷慨认股一半。著名民主战士邹韬奋秘密来港，复办《大众生活》周刊；进步人士郑书祥、吴金卫创办“香港中国通讯社”，都得力于陈嘉庚的支持。

1955 年，台湾飞机轰炸福州市，烧毁房屋住宅四千多间。陈嘉庚于次日发电报给周恩来总理，要求重新规划福州市。电文说，福州“因自来建屋概用木板，街巷密狭，横直无序，卫生不讲。每遇火患，多以千数，急功克复。仍用木板，危险长存。请电示省长，严令市民复踵旧习，须归市政重新计划，留最新式街巷，建合卫生砖屋，可转祸为福也”。他认为，卫生问题关系到国民素质，需要重视。他把《验方新编》和《住房与卫生》两书，多次翻印数十万册，广泛散发，借以唤醒同胞注意。他在倡导卫生方面所付出的精力仅次于兴学。

与此形成鲜明对比的是，他的个人生活却十分俭朴。他的个人自传中写道，“我之个人家庭，年不过数千元，逐月薪水足以抵过。在集美建一住宅，不上一万元，他无所有”。他晚年为自己规定低的伙食标准即每天五角钱，经常吃番薯粥、花生米、豆干、腐乳加上一条鱼。他身体力行的座右铭是：“应该用的钱，千万百万也不要吝惜，不应该用的钱，一分也不要浪费。”中华人民共和国成立后，中央给他的 300 元月薪，他除了每月 15 元的伙食费外，全部存入集美学校校委会会计处，作为公用。

2019 年，新加坡金融管理局在为纪念本国开埠 200 周年而发行的 20 元新钞上，向八位在不同领域奠下现代新加坡繁荣文明根基的先驱致敬，其中唯一的华人即陈嘉庚。天空中有颗星，被国际小行星委员会命名为“陈嘉庚星”，以纪念陈嘉庚先生对社会的特殊贡献。

第五章　南洋机工

一、国难当头

“七七事变”后，中国人民开启了英勇的抗日战争。当时中国国力不及日本，若想维持长期抗战，需要进口军械弹药、汽油等战略物资。1937 年 8 月，日本宣布封锁中国沿海，阻止其他国家的援助物资进入中国。由于英美等国依靠西南方向向中国输送战略物资，10 月，国民党当局特意成立了西南运输处，由宋子良担任主任。一年后，日军占领广州，国民政府经由香港到广州的运输线中断。经由缅甸仰光、腊戍到昆明成为主要的大动脉。

当时摆在国民党西南运输处面前最大的问题是缺车和缺少会开车的人。据统计，1936 年中国货车数量最多的广州，仅有 800 多辆，其他省份更是少得可怜。车少，会开车的司机更少。即便是马上着手培训，要想在路况极差的滇缅公路上熟练驾驶大货车，没有半年也出不了师。1938 年年底，滞留在中缅边境遮放、芒市等地的货物已逾 6000 吨。

为了解决缺乏司机和汽修人员的问题，西南运输处找到了陈嘉庚。陈嘉庚收到宋子良的求助电报后，立即行动起来。1938 年 10 月 10 日，来自马来亚、新加坡、菲律宾、印尼等地的168名华侨代表，在新加坡成立了“南侨筹赈祖国难民总会”（简称“南侨总会”）。陈嘉庚被推举为南侨总会主席。南侨总会的主要工作便是招募南洋各地汽车司机和汽车修理工，回国参加抢运作战物资的工作。

1939年2月，南洋各大报纸刊登了南侨总会招募华侨机工的《通告》。从《通告》内容看，招募条件还是很严格的。第一，要求机工熟悉驾驶技术，并持有当地政府发的驾驶执照。第二，招募机工要求是20至40岁的年轻人，并要通晓中国语言文字，无不良嗜好。第三，凡应征者，必须有当地人或者商店介绍，“知其确有爱国志愿方可”。

1939年8月，泰国华侨蔡汉良看到招募机工的《通告》，觉得自己既会驾驶，又会修车，而且内心充满了报国热情，符合《通告》中的一切条件。由于怕家人反对，蔡汉良赶到几百里外的董里什呈筹赈会报名。没想到，他中途撞见叔父的好朋友王联辉。为了挽留蔡汉良，王联辉甚至要将自己的女儿许配给他，并要将自己名下的16辆车送给蔡汉良，让他开一间客运公司，可这一切都无法阻挡蔡汉良报名回国的决心。他谢绝了王联辉的好意，毅然踏上回国之路。

刚刚结婚不久的刘瑞齐报名后，与同伴们一起剃了个光头。当妻子看到他的大光头时敏感地问：“莫非你也想回国？”为了第二天能够顺利启程，刘瑞齐向妻子撒了谎，说剃光头只是为了方便敷药。当天夜里，刘瑞齐给妻子留下一封书信，悄悄上路。谁知道，这一别竟成永诀，他离开不久，妻子便忧郁成疾，撒手人寰了。

在南侨机工群体中，像蔡汉良、刘瑞齐这样，瞒着家人不辞而别的例子比比皆是。最令人惊讶的是，还有四名女性女扮男装参加到南侨机工的队伍中。其中一名叫白雪樵的女教师，在辞别父母的信中写道：

走之前，我是难过极了，在每分钟内，我的心里起着数次矛盾冲突。家是我所恋的，双亲弟妹是我所爱的，但是破碎的祖国，更是我所怀念热爱的。所以虽然几次的犹豫、踌躇，到底我还是怀着悲伤的情绪，含着心酸的眼泪踏上征途了……虽然在救国建国的大事业中，我的力量简直够不上沧海一粟，可是集天下的水滴而汇成大洋。我希望我能在救亡的汪洋中，竭我一滴之微力。

白雪樵

后来，这封家书被刊登在马来亚《光华日报》上，鼓舞了许多爱国华侨。

1939 年 2 月 18 日下午 3 时，第一批南侨机工服务团 80 人从新加坡乘船出发，返回祖国。临行那天，新加坡码头上人山人海，街道上横幅招展。送行的人们将帽子掷向空中，场面热闹非凡。由于送行的人太多，码头上的木桥都被挤塌了。据统计，1939 年 2 月至 10 月间，共有 3192 名南侨机工分九批回到祖国，奔赴抗战前线。当时，在南侨机工中流行着一句口号“华侨统统有”，意思是为了抵御日寇侵略，华侨都走到一起来。后来，只要一说起这句口号，他们就知道彼此是南侨机工。

满怀报国热情的南侨机工回到祖国后，并没有立即投入军事运输的工作中，而是被送入西南运输处运输人员训练所受训。训练所设在昆华师范学校内，场地狭窄，条件简陋，没有专门的食堂，也没有专门的教室。几千名机工挤在一处，不得不自办伙食。机工们脱去西服，换上军装；剪掉油光可鉴的分头，每人剃了一个大光头，与刚抵达昆明时判若两人。

训练所教育长张炎元这样描述机工们的生活：“早粥时间，没有旁的菜，只有腌菜、白萝卜之类，大家胃口都不坏，起码三大碗稀饭到肚。吃快些的，有吃上五六碗的，菜吃完了，只好啜白粥。”

训练科目分军事、政治和技术。南侨机工虽然都是驾驶技术精湛的专业人士，但是云南多为山地，刚刚修通的滇缅公路路况奇差，与南洋的环境天差地别，进行一些山地行车训练是非常有必要的。

不过，对于军事训练南侨机工们就不那么认同了。到了训练所后，机工们穿上统一的军装，吃饭时一声哨响就得举筷猛吃，几分钟后哨子再次响起，没吃完的也得把筷子放下。见到长官要让道、立正、举手、注目、礼毕。每天早上出操一个小时，立正、稍息、跑步、敬礼、卧倒，完全像训练新兵一样。许多南侨机工自幼生长在南洋，不少人家境优渥，习惯了自由自在的生活，训练所的这种军事化管理的模式让他们很难适应。

在西南运输处筹建训练所之初，对于要不要搞军训也有过争论。西南运输处秘书冯君锐认为，司机不是兵，培训应该主要集中在山地开车方面，没必要搞列队、集合、行进之类的军事训练。冯君锐回忆，开会的时候大家都表示同意，但是事后副总队长薛文蔚还是像训练新兵一样训练机工们。这样一来，初来乍到的机工表现出严重的水土不服，一方面不适应训练所的训练模式，另一方面与昆明当地军民也多有摩擦。

经过两个月不太和谐的训练，南侨机工终于要上路了，摆在他们面前的是一条无比艰险的道路——滇缅公路。滇缅公路东起云南昆明，西经畹町，直通缅甸境内的腊戍公路线，全长 1146 千米。

二、坎坷之路

“七七事变”之前，云南省主席龙云就曾预言，一旦中日之战全面爆发，日军必然会断绝我国东南港口。那时候连通外部、输送物资的唯一出口只有滇缅一线，因此应该赶紧着手修建滇缅公路。1937 年 11 月，战火已烧到华东，国民政府连忙委托云南省政府修筑滇缅公路。滇缅公路穿越横断山脉、怒山、高黎贡山三座大山，跨过怒江、澜沧江、漾濞江三条大河，山高水急，坡陡路弯，修建难度之大前所未有。

在机械化程度极低的 80 年前，云南彝、白、傣、苗、汉等十个民族的 15 万民工，愣是肩挑手扛，用最原始的方式在短短八个月时间里，将滇缅公路修建完成。当年英国《泰晤士报》连续三天报道了滇缅公路修通的情况，并称：“只有中国人才能在这样短的时间内做到。”

滇缅公路虽然通车了，但非常简陋，路面基本上是用碎石铺就，经常塌方。后来，滇缅公路管理局局长谭伯英在《血路》一书中写道：

> 惠通桥两岸崇山峻岭，盘旋曲折，令人望而生畏，狭窄难行，道路弯多陡峭，雨季时路滑难行，随时有翻车的危险。路基松软，有些路段狭窄，特别是雨季道路难行，“一雨便成冬”。滇缅路频繁塌方，给汽车行驶运输带来巨大的困难。

谭伯英甚至直言不讳地说，滇缅公路根本算不上是一条公路，充其量只能算马路，而事实上连骡马也不愿意走。

南侨机工被分为 17 个大队，他们驾驶着 3000 多辆大卡车，日夜兼程地行驶在这条连骡马也不愿意走的路上。车队装上货物从缅甸腊戍出发，开往终点云南昆明，全程一般要走六天以上。司机们白天开车，晚上在驾驶室里睡觉。由于他们大多开的是道奇汽车，所以许多机工幽默地称之为“道奇旅馆”。

20 世纪 80 年代，南侨机工李荣竹向林少川回忆，滇缅公路上崇山峻岭，迂回重叠。车队盘旋上山，一边是悬崖峭壁，一边是深谷大川。沿途坡陡弯急，惊心动魄，车毁人亡的惨剧随时都会发生。为了避免翻车，机工们想了许多办法。如果上下陡坡又遇到急转弯的窄路，他们就在急转弯的地方铺一块木板，前轮开过之后，后面靠外的轮子正好可以从木板上轧过，这样就可以避免后轮悬空而翻入山谷了。

即便想尽办法，滇缅公路上的翻车事故还是层出不穷。据夏玉清统计，仅 1939 年 4 月至 11 月间，因车辆故障、山路崎岖、雨天路滑发生的翻车事故就达 24 起。华侨机工殉职情况表上，“事故原因”一栏经常会出现“覆车”二字。

1940 年夏，南侨机工林树容接到一项特殊的任务——将一位牺牲机工的遗体运回队部，此人正是与林树容同一批回国服务的新加坡机工吴世光。傍晚时分，他来到吴世光翻车的事故现场。吴世光的遗体已经被人从山谷中吊上来停在路旁。只有 21 岁的林树容，在南洋从没接触过死人，现在让他独自一个人去运尸体，他心里未免有点胆怯。可是，当他看到吴世光的遗体，想起平时的情谊，一下子忘记了害怕。他用毛毯把吴世光的遗体包裹好，抬上卡车。偏巧路上车子又抛锚了。三更半夜，林树容一个人被困在车中，一边是悬崖绝壁，一边是万丈深渊，他害怕极了。他暗自祷告战友的英灵为自己壮胆。

在滇缅路上，南侨机工不仅要面对车祸的危险，还要面对另一个无形杀手——疟疾。云南山区自古就流行着一句俗语：“要过瘴疟坝，先把老婆嫁。”在当时缺医少药的情况下，如果得了疟疾几乎可以说是九死一生。机工许志光曾这样回忆，他被“疟疾蚊”咬叮患上“打摆子”，发冷时即便盖上重被、裹着毛毯也无济于事。幸亏机工战友献出

南侨机工运输抗战物资的军车行驶在滇缅公路上

印尼筹赈会送来的“金鸡纳霜”，才转危为安。据统计，仅1940年在腊戍医院就医的南侨机工就达百人以上。南侨总会特派员刘牡丹在报告中写道：“机工、司机，患恶性疟疾者比比皆是，在是处服务之华侨机工皆现面色清瘦，鸠形鹄脸，体格健康损失过半。”

1940年，日本在研究中国军力变化的数据后发现，经过几年的战争，中国军力反而比1938年增强了，其中步枪增加到150万支，轻机枪6万多挺，其他火炮2650门。这显然与滇缅路上日夜奔驰的南侨机工密不可分。

1940年日军占领越南后，成立了“滇缅公路切断委员会”。从1940年10月起，在不到六个月的时间里，日军共出动飞机400多架次，对滇缅公路狂轰滥炸。南侨机工们处在了战火的最前沿。白天遇到敌机轰炸，机工们利用地形将货车隐藏起来，夜里再关着灯摸黑行驶。1941年1月，日军轰炸机炸断了滇缅公路上重要的交通要冲——功果桥。为此，东京电台得意地宣称："滇缅公路已断，三个月内无通车希望。"

当时，运载物资从保山返回下关的王亚六刚好目睹了这次炸桥。功果桥的铁索桥和吊板被炸成两截，桥两边好几百辆车子无法通行，堵得水泄不通。为了尽快抢通功果桥，机工们纷纷出谋划策。他们根据浮力原理，将几百只空汽油桶用铁链连起来，然后铺上木板。经过十小时的奋战，一座长达 300 米的临时浮桥做成。功果桥被炸断十小时后，堵在桥两岸的大货车通过浮桥安然驶过。

1939 年 3 月，擅长驾驶的新加坡华侨银行职员吴再春辞别父母妻子，跟随第三批南侨机工队回国效力。没想到，仅仅四个月后，吴再春竟然被冻死在自己的驾驶室里。据侨务委员会和西南运输处等部门为吴再春竖立的纪念碑碑文记载，1939 年 7 月 16 日，吴再春行驶到龙陵附近，汽车抛锚。这时天降大雨，气温骤降。吴再春怕车上物资丢失，寸步不离自己的汽车。直到战友路过才发现，衣着单薄的吴再春已经牺牲了。

在招募协定中明确规定，南洋总会负责机工的招募和路费，而西南运输处则要负责机工的"衣食住医"等。陈嘉庚在招募公告中特意提示："南洋地居热带，衣服简单，庚以政府既有充分供给，遂亦未为机工置办棉衣。"可是，当机工们到昆明训练所时却发现，西南运输处根本没为他们准备棉衣。1939 年 3 月 15 日，槟城机工致函槟城筹赈分会，请求侨胞为他们捐赠可以御寒的棉衣和军毯，并颇可怜地表明："物虽稍残破即可，只求有衣可以御寒。"

此后，南洋各地筹赈会纷纷接到机工们的求助信。很快，机工缺少棉衣挨冻受寒的消息就传到陈嘉庚耳中。4 月底，他致函西南运输处，希望尽快解决昆明数千机工受冻的问题。运输人员训练所所长张炎元矢口否认。他回信说，机工们在昆明得到政府的厚待，政府"能办到无不勉励”，倒是机工中“为非不逞之徒，故意淆乱分子，张大其词”。

对于张炎元的回信，陈嘉庚起初深信不疑。他认为，“机工程度不同，不可尽信”。当时，机工招募还在进行中，为了不影响招募工作，他将这件事压了下来。直到发生吴再春被冻死的恶性事件，陈嘉庚才感到事态严重。8 月，他派刘牡丹偕同两位《南洋日报》的记者到国内考察机工真实的生存状况。

刘牡丹一行人从缅甸仰光出发，沿着滇缅公路一路向昆明进发。南侨机工们恶劣的生活条件时刻震撼着他们。一个月后，刘牡丹在给陈嘉庚的报告中写道：“（南洋机工）大半受寒冻，疾病且有死者，医院缺乏，缺乏宿舍，秽恶无人清理，卡车晚间不如宿民家，车坏无修具随车，荒山僻野，困守数日觅修无门。”陈嘉庚看到刘牡丹的报告后心急如焚，立刻动员南洋华侨社会为机工们购买药品、胶鞋、棉衣和蚊帐。但是几个月后当他亲自到滇缅线考察时，发现这些物资大部分都没送到机工手中。

1940 年 3 月，陈嘉庚决定亲自去国内慰劳南侨机工。陪同他一起回国慰劳的庄明理回忆，在滇缅公路上，每次遇到道路转弯太急，路面太狭窄，或是凹凸不平之处，陈嘉庚都会下车查看，并一一记录下来。他还跟两位随行的工程师商议，全路应设七八个中途休息站，并在各休息站建立宿舍、食堂、停车场和修理站。

一行人经过一个小镇，听说一位机工被运输处关在“黑房”中已有 3 日。陈嘉庚亲自去探望，只见这位机工只穿了一件单衣，禁闭室内没有被褥，他只能睡在地板上。陪同陈嘉庚一同考察的庄明理回忆，见此情景，陈嘉庚不禁落泪，立即拿出 50 元给这名机工买衣服。陈嘉庚感慨地说：“我号召人家回国服务，想不到有此令人痛心的事。”

多年以后，蔡汉良告诉林少川，他曾被保山第二大队推选为代表当面向陈嘉庚汇报情况。蔡汉良告诉陈嘉庚，南侨总会向每个华侨机工赠送的蚊帐、毛毯、工作服等九件物品，被国民党贪官污吏克扣了，最后送到机工手上的只有两三件小东西，有的机工甚至一件东西也没领到。

到重庆后，陈嘉庚对国民党的腐败有了更直观的认识。为了巴结他这位“大金主”，国民党当局专门拨了八万元，用作欢迎经费。面对大大小小的宴会，陈嘉庚阵阵心寒，没想到海外华侨捐出的血汗钱都被国民党后方的贪官污吏“吃”掉了。他当即在重庆各大报纸上刊登启事：

闻政府筹备巨费招待慰劳团，余实深感谢。然慰劳团一切用费已充分带来，不欲消耗政府或民众招待之费……在此抗战中艰难困苦时期，尤当极力节省无谓应酬，免致多延日子，阻碍工作。希望政府及社会原谅！

当蒋介石得知陈嘉庚离开重庆后还要去延安访问，颇不满意。他向陈嘉庚大骂共产党，并暗示他不要去延安。陈嘉庚不卑不亢地说：“我的职责是代表华侨回国慰劳考察，凡是交通没有阻碍的重要地方，我不得不亲自去看看，以尽我的责任，回海外也好据实向华侨报告。”蒋介石见陈嘉庚坚持要去延安，不便强行阻拦得罪这个“大财主”，只好阴阳怪气地说：“要去也可以，但切不可受共产党的欺骗。”

然而在延安的每一天都深深触动着陈嘉庚，他见识到了一个朝气蓬勃、上下同心的社会。后来陈嘉庚与国民党政权渐行渐远，正是始于这次考察中的所见所闻。

1941 年 12 月 7 日，日军偷袭美国在太平洋上的海军基地珍珠港，太平洋战争全面爆发。此后的半年，国际战局急转直下。1941 年 12 月 25 日，日军占领香港；1942 年 1 月 30 日，日军占领马来亚全境；2 月 15 日新加坡守军投降；3 月 9 日，日军占领印尼群岛；4 月下旬日军占领滇缅公路的起点缅北重镇腊戍，5 月 3 日日军侵入云南境内的畹町；5 月 5 日日军向滇缅公路的咽喉惠通桥袭来。

为了阻止日军前进的脚步，中国军队唯一的方法只有炸掉惠通桥，切断滇缅公路。随车队从畹町撤往昆明的郑天赐和同伴见证了这惨烈的一幕。5 月 5 日上午，郑天赐一行从腊勐盘旋下山，临近惠通桥时，要炸桥阻敌的消息已经传开了。大家争相超车，有时几辆车挤在一起，进退两难。惠通桥上人拥车挤，走走停停。

9 时，听说日军攻占了腊勐，要过桥的人流和车辆更是疯狂地往前挤。此时，一辆大车被日军炮弹击中，在路中间燃烧起来，通往惠通桥的公路更加拥堵了。郑天赐的车子在惠通桥以西几百米的地方停下，寸步难行。他看到桥头有两名中国士兵正一边往桥板上摆炸弹，一边调试手摇发电机接线，准备随时引爆。一名守桥士兵手持小旗，催促过桥的人们赶紧往桥对岸跑。

就在难民们疯狂地往桥上狂奔时，混在人流和车流中的日军便衣向人群中开枪。终于到了生死时刻，虽然中国军队想让尽量多的难民通过惠通桥，但是面对汹汹而来的日军，他们只得选择炸桥。“轰隆”一声巨响，整座惠通桥坠入江中，桥上的汽车、难民全都掉入滚滚奔流的怒江之中。那一天，有多少人葬身怒江没人知道。尚未来得及上桥的郑天赐和同伴目睹了这幕惨剧，他们顾不上悲痛，连忙离开驾驶室躲进了山林。

天黑以后，郑天赐和同伴趁夜色溜到自己的卡车旁边。他们撬下汽车轮胎，三人合抱着一只“救生圈”跳入怒江。怒江水流湍急，冰冷刺骨，水下还有无数激流漩涡。三个机工冻得浑身发抖，在江中漂了近一个小时才上岸。像郑天赐这样逃出虎口的毕竟是少数，更多没来得及过桥的南侨机工与无数中缅难民一起惨死在日军的屠刀下。

然而，从惠通桥生死线上逃回昆明的南侨机工，并没有得到国民党当局的优待。经过几年炮火的洗礼，3000多名南侨机工中，牺牲和失踪者超过千人，被分配到黔、贵、川等地继续工作的二三百人，被盟军招募到印度抢运援华物资的二百多人，其他人大部分滞留在昆明。此时，国民党交通运输局竟然要遣散南侨机工。

南侨机工在云南举目无亲，又无法返回故乡，一时间面临流离失所的境遇。在南侨总会的抗争下，交通运输局在昆明石堂山为机工们开设了一个“汽车驾驶人员整训所”。整训所里的日子分外难熬。机工们每天早上跑步，下午出操，不发工资，也不发零用钱。吃的是不见油水的“老妈妈汤”，住的是茅屋陋室。许多机工忍受不了这种苛刻的待遇，陆续离开，自谋生路。有的漂泊到滇西一带做小买卖，有的当杂役小工，还有一些人沦为乞丐沿街乞讨。

1942年12月15日的《新华日报》写道：直到现在漂泊在云南等省的华侨机工，也还有不少，他们始而倾囊以食，继而典卖衣物，以求一饱。现在已是手持侨胞登记证沿门乞食了！他们在不愿为而不得不为乞食时，感受了最深切的痛苦……大家听到归国侨胞的这种凄惨悲愤的景象，除了同情，除了呼吁解决，还有什么可说的呢？南侨机工们的悲惨处境引起了南洋华侨社会的关注。1943年12月，南洋侨领侯西反发起了“云南华侨互助会”。互助会成立后，753名失业机工和眷属衣食有了着落，被现实打击得冰冷的心，终于又得到些许温暖。

三、返乡旅程

1945年8月10日深夜，日本政府发出《请降照会》的电讯传到昆明。昆明各大报纸连夜用特大字号印发“号外”，在街头免费散发。昆明城沸腾了。市民们争相传阅，奔走相告，胜利的消息瞬间传遍全城。

街头巷尾，响起了庆祝胜利的鞭炮。据《大公报》报道，8 月 10 日至 8 月 16 日，昆明的棉纱、黄金、外币价格下跌 50%，各大商家也都搞起了胜利大减价活动。

奋战在抗战第一线的南侨机工们喜上眉梢，他们终于可以回到阔别六年的南洋，与父母妻子团聚了。然而，机工们很快发现，现实并不像他们想象的那么简单。

有鉴于国民政府曾经有过“遣散机工”的恶政，抗战刚一胜利，南侨总会常驻滇缅公路代表庄明理就向国民政府提出了“八项要求”，其中包括办理南侨机工总登记，发放奖金，发放服务证明书，与英国政府研究机工南返手续等。国民政府侨务部门、交通部、救济善后总署等部门研究后，一致认为南侨总会提的要求极为合理，然而直到 1945 年年底，他们也没拿出具体实施方案。盼望与家人团聚的南侨机工心急如焚。事实上，国民政府根本没心思管机工复员的事。此时，他们已经单方面撕毁了《双十协定》，正忙着调兵遣将准备围剿共产党。

1946 年 1 月，南侨机工的登记工作总算开始了。据统计，共有 1100 名南侨机工登记，其中 90% 来自马来亚（包括新加坡）。经过南侨总会和华侨互助会的努力，1946 年秋，拖延了一年多的机工复员问题，终于见到了曙光。国民政府侨务委员会发出通告，根据机工登记名册，行政院核准发给每位机工 200 美元奖金和一张奖状。

1946 年 10 月 28 日，第一批 421 名机工终于登上了从昆明西站开往广州的列车。昆明的老百姓对南侨机工抱有深深的谢意，各界人士在昆明西站举行了盛大的欢送大会。前来送行的人们挤满了车站，大会向每一位荣归的南侨机工赠送了一枚“南侨机工复员纪念章”。荣归的机工们从广州转道香港，再前往南洋各地。11 月 24 日，悬挂“中华民族之光”“国之干城”“胜利荣归”等横幅和彩旗的丰庆轮缓缓驶出香港码头。

当年，3000 多名南侨机工分九批回到祖国，加入抗日战争的洪流当中。而今，返回南洋的只有三分之一。除了 1000 多名机工牺牲外，还有 1000 多人因为各种原因留在了祖国。

第三批复员的蔡汉良本打算返回南洋，刚到香港就接到了母亲病危的急电，于是从香港转道厦门回到了福建南安老家，并从此定居国内。已经娶妻生子的翁家贵，本已经买好船票，打算带着妻儿回马来亚。可是临走前一天，他的妻子罗春芳却说："我父母、弟弟都在云南，我不走了，你一个人走吧。"翁家贵只好退掉船票，跟妻子回了云南保山老家。滇缅公路断绝后，被盟军招募到印度运送援华物资的黄铁魂，战后当了海员。他走过世界许多地方，漂泊许久后才回到马来亚和丰。

几乎所有南侨机工的人生都被回国抗战的经历改变了。因为当初的选择，他们有的与父母、妻子从此永诀；有的放弃遗产一生潦倒；有的背负政治污名，在"文化大革命"中饱受摧残，但是没有一个南侨机工表示后悔。在中华民族最危险的时刻，他们与祖国站在一起。历史永远不会忘记他们的名字——南侨机工。

第六章　华侨华人支援朝鲜战争

1950 年 6 月 25 日，朝鲜战争爆发，战火烧到我国的鸭绿江边。中华人民共和国中央人民政府做出“抗美援朝，保家卫国”的决定。在抗美援朝战争中，广大归国华侨与海外侨胞发扬高度的爱国主义精神，以赤子之心，满腔热忱地支持祖国人民的抗美援朝斗争，积极参军参战，参加反封锁、反禁运斗争，捐款捐物购买飞机大炮，为抗美援朝战争取得伟大胜利，加快新中国建设步伐做出了重大贡献。

一、捐款捐物购买飞机大炮

志愿军在朝鲜作战前七个月虽然取得了重大胜利，但由于武器装备处于劣势，既没有空军参战，又没有坦克参战，也缺少大炮，在作战中困难重重。据此，抗美援朝总会于 1951 年 6 月 1 日发出了《关于推行爱国公约、捐献飞机大炮和优待烈属军属的号召》。号召发出后，归国华侨和海外侨胞积极响应，纷纷捐款捐物，为志愿军购买飞机大炮。

爱国华侨司徒美堂、蒋以谭等人率先捐资购买飞机、大炮、医疗器材等。中央人民政府华侨事务委员会副主任委员兼中央侨委生产救济司司长庄希泉在北京组织归侨、侨眷积极捐献“华侨”号飞机，众多归侨当场捐献2亿多元（旧币，后同）。平壤华侨在1951年6月至7月，捐献朝币780余万元。在捐献飞机大炮运动中，福建晋江侨乡捐献“晋江华侨号”飞机一架。云南省各界归侨侨眷共捐款49万元支援前线。广东梅县水客公会成员捐献855万元，认购公债款3180万元，华侨仲伯诚捐献474万港元。1951年6月10日，北京归国华侨1000余人举行捐款捐物支援英勇志愿军大会，共捐款2亿多元。仅华侨补习生就捐献了141万多元、金首饰41件。连城县归国华侨、侨眷1951年春捐款200万元。

值得一提的是，香港中华总商会会长王宽诚不惜抛售地价正在飞涨的香港黄金地段地产，集资500余万港元，独自捐献了一架战斗机，并购买大量国家紧缺军用物资运入上海。不仅如此，王宽诚还认购了相当于2000两黄金的公债，支援抗美援朝和祖国建设。南洋华侨筹赈总会主席陈嘉庚从集友银行开出一张500万元支票，作为购买棉衣的捐款。全国侨联驻会副主席王源兴独自捐献一架飞机，并带头捐资创立广州华侨小学、厦门华侨博物院等。全国工商联副主席毕鸣岐在捐献飞机大炮运动中，率先捐献飞机一架，并带动天津市民主建国会和工商业联合会的会员捐献飞机五架。在20世纪50年代认购公债中，毕鸣岐每次认购的金额都为全市之首。他本人及其所经营的企业，累计认购公债20多万元，在工商界中起到了很大的推动作用。

爱国华侨王源兴

国外各界华侨也积极为志愿军捐献财物。印尼华侨采购大批金鸡纳霜赠送给中国红十字会，支援在朝鲜前线英勇作战的中国人民志愿军。侨居印度的华侨组织了群众性捐献运动。加尔各答、孟买等大城市的侨胞踊跃捐献，分散在小城镇及其他各地的侨胞积极响应，有些华侨商店、学校和个人还制订了长期的捐献计划。至1952年夏，旅印华侨为志愿军捐出印币27600多卢比。孟买华侨给志愿军写慰问信26封，当地侨校师生及山东同乡会各赠送志愿军锦旗一面。由泰国、印尼、马来亚等回国的1425名华侨，在船上举行了抗美援朝保家卫国大会，当场捐献1798元。

捐款献物支援志愿军将士杀敌，是华侨声援抗美援朝运动的重要内容之一。不少华侨收入微薄、生活困难，但他们慷慨无私捐献；还有些置身在与新中国为敌的西方国家及曾经是其殖民地的华侨，在高压统治下暗中为抗美援朝捐款捐物，更显难能可贵。最令人感动的是，有的海外侨胞为了能给远在战场上的中国人民志愿军多买一架飞机，多买一辆坦克，甚至捐献出他们的全部家产。据1952年2月《进步日报》报道，截至1952年年底，海外华侨的捐款数额超过1亿美元。归国华侨和海外侨胞的踊跃捐献，在改善和加强志愿军武器装备及购买军用物资方面起到了重大的作用。

二、踊跃参军参战支援前线

1950年12月1日，中央人民政府人民革命军事委员会和政务院做出《关于招收青年学生、青年工人参加各种军事干部学校的决定》。1951年6月24日，中央人民政府政务院再次发出《关于各种军事干部学校招收学生的决定》。以此为契机，全国掀起了积极参军参战的热潮。广大归国华侨和海外华侨青年学生也热烈响应祖国号召，踊跃报考各种军事干部学校，报名参加志愿军，积极投身到参军、参战、支援前线的热潮中。

被称为侨乡的广东省江门市，1950年12月至1951年6月，报考各种军事干部学校和参加志愿军的有234人。泰国归侨朱雪影1950年8月回国，1951年5月便报考了第41军青年干部学校。印度尼西亚归侨李谦敬1951年报考了步兵通信学校。1950年，朝鲜归侨于永胜参加志愿军，重返朝鲜，在抗美援朝战争中立三等功三次。越南归侨朱梓庭1950年回国考入国立中山大学农学院，12月参加志愿军入朝作战。泰国归侨黄君亮1950年参加志愿军入朝作战，回国后曾任锦州市侨联第二届委员会委员。1950年10月，刚从东南亚各国归国的华侨事务委员会附属华侨学校青年学生杜俊添等116人，直接报名参加志愿军奔赴朝鲜战场。旅日华侨孙实甫组织了666人的7个战场救护医疗队及志愿服务大队，奔赴朝鲜战场为志愿军进行各种战地服务。1950年11月，北京归侨学生翁乃抗等285人纷纷报名参加志愿军，并发表宣言表示：愿继承我们先辈热爱祖国的反帝传统，以实际行动抗美援朝，保家卫国。

1951年汕头市欢送华侨青年学生入伍

福建籍马来亚归侨林有声在抗美援朝战争打响时任某师参谋长，在朝鲜金城地区指挥所部与美军作战并立下战功。后林有声率部参加第五次战役，在上甘岭鏖战中，他与其他人发明的坑道战术发挥很大作用，为上甘岭作战取得胜利再立战功。后升任师长、军参谋长，荣获朝鲜民主主义人民共和国一级自由独立勋章和二级国旗勋章。海南籍新加坡归侨卢胜，时任某军政委，1952年夏入朝参战，和军长一道指挥作战并取得多次胜利，荣获朝鲜民主主义人民共和国国旗勋章。时任空军歼击航空兵3师中队长的朝鲜归侨汤奎，在朝鲜战场上机智勇猛作战，击落美军F-86型飞机两架，屡建战功，后晋升为副师长。参加志愿军赴朝作战的归侨勇敢顽强，表现出色，或立功嘉奖，或因功晋升，为抗美援朝战争胜利做出了不可磨灭的贡献。

三、支援祖国反封锁、反禁运斗争

抗美援朝战争开始后，美国对中国实施了全面禁运。1951年5月18日，美国操纵联合国大会，通过了对中国和朝鲜实行禁运的决议，强行要求联合国所有会员国，对中国和朝鲜禁运战略物资。在这期间，先后有40多个国家对中国实行了禁运。

为了支援祖国反封锁、反禁运斗争，旅居海外的华人华侨冒着生命危险，将祖国所需战略物资不断运送回国。印尼华侨黄一飞，是苏门答腊巨港市“勿拉柔”石油工业区矿区工会副主席，被广大华工拥戴为工人领袖，人称“铁胆子”。在反封锁、反禁运斗争中，他冒着极大危险，通过荷兰渣华轮船公司，一次又一次地把石油运进中国，为抗美援朝做出了重要贡献。他的忠勇爱国行为，获得中华人民共和国外交部、中侨委的赞扬。

在禁运期间，且不说运送橡胶这样具有重要战略价值的物资到中国难上加难，就是运送其他物资到中国也不是件容易的事。当时，在新加坡担任南益公司总巡和南暹公司总经理职务的李引桐，为了支援抗美援朝，甘冒风险，通过他在香港的南宗公司，由泰国经中国香港、澳门等地，辗转给国内运送了21万吨橡胶，而且都是捐赠，分文不取。后来，李引桐又历尽千辛万苦，冒着种种危险，将橡胶树苗引进到国内，在海南岛建立起第一个橡胶种植基地，填补了中国橡胶种植的空白。因此，李引桐被誉为中国的“橡胶之父”。

霍英东在西方国家对我国实施全面封锁、禁运，港英当局武力“缉私”的情况下，在香港组织了一支颇具规模的船队，为祖国运送了大量急需物资，有力地支援了抗美援朝战争。“霍英东‘韩战’时期靠走私起家”这句话，在国内外流传了几十年，对此，霍英东始终保持沉默。在80岁生日时，霍英东终于接受了媒体的采访，郑重声明：“当年我不是走私。”抗美援朝战争开始后，港英当局加入对内地的禁运，香港爱国商人采购到物资后，无法运回国内。在这种情形下，有人找到了霍英东。霍英东回忆说：“当时全香港大概只有我有这么多船，还有一批伙计，而且我自己是水上人，熟悉港口情况和水情。所以他们找上了我，要求我用船把那些物资运到内地。”就这样，霍英东开始了运送抗美援朝物资的工作。

霍英东清楚地记得：“从1950年到1953年的三年间，我们几乎晚晚开工，没有一天停止过。白天要联络、落货，晚上开船，每天只睡几个小时。我们加班抢运到蛇口，一天都没有耽误过。”“当时，我们运的物资有黑铁皮、橡胶、轮胎、西药、棉花、纱布……”2000年10月25日，在首都各界纪念中国人民志愿军抗美援朝出国作战50周年大会上，霍英东是唯一被邀请出席的香港人，而且坐上了主席台。

四、慰问志愿军和朝鲜军民

随着抗美援朝运动的开展，归国华侨和海外侨胞积极响应中国人民抗美援朝总会的号召，利用动员会、报刊、现场控诉、示威游行等多种形式参加抗美援朝爱国宣传教育活动。1950 年 12 月 13 日，北京市留美学生及教会等团体两万人举行爱国示威大会及游行，抗议美国驻联合国代表奥斯汀 11 月 8 日在联合国安理会所做“中国干涉朝鲜”的声明。12 月 27 日，中国留美学生 500 余人发表声明，表示“积极参加抗美援朝保家卫国的工作”，并在声明的最后全部签上了自己的名字。1951 年 2 月 21 日，全国 30 余个大中城市的海外归国华侨与各族人民一起举行示威游行，抗议美国侵略朝鲜。

1950 年 11 月 4 日，国内各党派联合发表《各民主党派联合宣言》，揭露以美国为首的帝国主义者侵略朝鲜、威胁中国安全的侵略行径。旅法华侨联合会于 11 月 12 日发表声明，热烈拥护祖国各民主党派联合宣言，积极支援祖国人民抗美援朝保家卫国的斗争。印尼广大华侨则发动了不看美国电影的群众性运动。从 1950 年 12 月初开始，印尼华侨报纸《生活报》《新报》及其他进步的华侨报刊，都登载了华侨群众反对看美国电影的文章。1951 年 3 月 20 日，缅甸竖榜埠民主同盟支部及该埠华侨社团市摊公会、青年勤奋社、育德校友会等社团联合写信慰问中国人民志愿军。他们在信中写道：“你们的光荣胜利使我们感到祖国新生力量的伟大。远离祖国的我们，热烈拥护与支持祖国抗美援朝保家卫国的伟大运动，并誓为你们的后盾。”旅蒙侨胞不仅到朝鲜前线慰问中国人民志愿军和朝鲜军民，还募集了蒙币慰问金十万元。

为了表达对中国人民志愿军的尊敬和爱戴之情，鼓励志愿军战士英勇作战，归国华侨和海外侨胞还投入慰问志愿军的热潮中。他们积极募集慰问品、慰问金，写慰问信，参加中国人民赴朝慰问团，慰问在前线英勇作战的中国人民志愿军以及朝鲜军民。1952 年 9 月，全国侨联副主席王源兴代表海外华侨，参加中国人民第二届赴朝慰问团，慰问中国人民志愿军和朝鲜军民。此后，海内外华侨代表多次参加由全国各民主党派、无党无派民主人士等组织的赴朝鲜慰问团，对中国人民志愿军和朝鲜军民进行友好慰问和演出。

五、抗美援朝对于海外华人地位的影响

抗美援朝战争的胜利不仅来自前线士兵的浴血奋战和全国人民的支持，也来自全世界爱国华侨们的支持和贡献。朝鲜战争是新中国的立国之战，此战打出了国威，不仅国家和民族受益，就连海外的华人华侨都受到了外国人的尊重。

一位海外华人回忆，1953 年的一天，台湾地区一位退役的老兵在北美的一个小国家坐公交车，一个当地人得知他是中国人时，对着车内的人大声说："看哪，这就是中国人！就在昨天，我们那个蛮横的邻居在朝鲜停战协议上签字了，不可一世的美国佬就是被和这位先生一样的中国人打败的，我们面前就站着一位了不起的中国人！"于是全车的人都起立鼓掌，并纷纷与老兵握手。那一刻，老兵的内心世界被强烈震撼了。从此他开始关注并怀念故土，改革开放后毅然回归祖国，并在回忆录中记下了这件让他刻骨铭心的往事。

李光耀曾在回忆录中说：朝鲜战争后作为亚洲人的我，在英国时腰杆才直了些，朝鲜战争前我在欧洲旅行，人们常对华人持歧视态度，可是中国出兵朝鲜并接连获胜后，西欧海关人员一见华人，都肃然起敬，从此我也开始认真地学习汉语。

一名被俘志愿军战士的回忆录言，审讯他的"汉奸"（美籍华人）

在审讯间隙，美国人不在时，诚恳地对他说：不管是不是“侵略”（因为他在审讯时和志愿军战士争论过中国是不是“侵略”朝鲜），中国能打出国门，并和联合国军打成这样，让我这个华人也感到自豪，现在美国人对我们都比以往客气多了。

第七章　赈灾义举

中华人民共和国成立以来，中国不同地区在不同时期多次出现重大灾情。每当祖国遇到重大灾害，海外侨胞总是积极伸出援手，奉献爱心，表现出强烈的社会责任感和博大爱心。除了慷慨解囊、踊跃捐助外，一些海外侨胞和归侨侨眷还自愿奔赴灾区，发挥专业特长，积极参与救助工作。无论在汶川、玉树、西南干旱地区，还是洪涝灾区，都流淌着“侨爱”的温暖。

一、赈济大兴安岭火灾

1987 年 5 月 6 日，大兴安岭北麓漠河境内林区发生特大森林火灾。大火从 5 月 6 日起燃烧，到 6 月 4 日全部扑灭，历时整整一个月，着火面积 101 万公顷。大火导致 5 万多人无家可归，200 多人死亡，200 多人重伤，直接经济损失 5 亿元。大兴安岭森林资源的 1/19 从地球上消失。这场大火改变了大兴安岭森林面积居中国之首的历史地位，成为中华人民共和国成立以来毁林面积最大、伤亡最多、损失最为惨重的一次特大灾难。

面对灾情，中国红十字会首次向国际社会提出受援请求。国际社会对大兴安岭火灾给予很大关注。50多个国家和国际组织发来了慰问电，20多个国家和国际组织捐赠救灾资金、器材、药品和食品。

大兴安岭森林火灾更牵动着华侨华人及港澳同胞的心，同胞们纷纷询问火情、灾情，也通过这些电话向大兴安岭灾区人民表示慰问。尽管当时台湾地区和大陆还没有实现通邮，但血肉之情终究骨肉相连，一封封充满兄弟情谊的信件和电报，也从台湾地区通过不同的渠道寄往大兴安岭灾区。世界各地华人也伸出了援助之手，对灾区人民寄予极大的同情。他们以个人或团体名义采取多种方式纷纷向灾区捐款赈灾。

到厦门旅游的年过七旬的菲律宾华人察琼霞，从报纸上获悉大兴安岭发生火灾的情形后便毅然慷慨解囊，捐款1万港元。她说："想到同胞受这么大的灾难，我的心就很难过。捐款只是表达一点心意。"澳门同胞也纷纷向遭受特大火灾危害的同胞捐款，截至1987年5月26日，即大兴安岭火灾结束的前一周为止，澳门中华总商会马万祺、冯文根等41位知名人士共捐献了33.5万元（港币和澳币）。中国银行澳门分行也接到许多询问捐款办法的电话，该行为此承办代收捐款和免费代汇款，而《澳门日报》和《华侨报》等也陆续收到数额不等的捐款。

二、救援1998年洪灾

1998年7—9月，嫩江、松花江、长江遭受了一场特大洪灾。这场洪灾给嫩江、松花江和长江流域各省市带来了巨大损失。据统计，全国受灾面积达2578万公顷。成灾面积1585万公顷，受灾人口23亿人，死亡3656人，其中，因山地灾害死亡157人，倒塌房屋6万间，各地申报的直接经济损失达2484亿元，受灾最重的省区是江西、湖北、湖南、新疆、黑龙江和内蒙古。

祖国受灾，紧紧牵动着海外华侨华人的心。各地华侨华人纷纷慷慨解囊，其间众多事迹可歌可泣，十分感人。1998 年 8 月 17 日，旅荷华侨华人社团在阿姆斯特丹联合召开紧急会议，商讨赈灾募捐工作。年过 85 岁的梁鸿基当场捐款 800 荷兰盾，另一位年逾 75 岁的老先生蔡志坚也捐出 800 荷兰盾。会议结束时，代表们的捐款额已达十万荷兰盾。阿根廷华侨商会会长朱治华离开祖国 50 多年，依然心系祖国。当国内抗洪救灾的消息传来时，他正在医院接受胆结石切除手术，出院后他不顾身体虚弱，马上召集理事们商议捐款事宜。其他侨团组织，如华人进出口商会、三福企业商会、兴化同乡会等也都争先恐后地利用周末假日开展各种形式的募捐救灾活动。

当时担任香港特别行政区行政长官的董建华呼吁全港市民踊跃支援灾区，香港政府及时拨出 900 万元作为初步赈灾之用。当年 8 月 14 日，香港亚视和有线台携手举办了“长江灾情告急”活动，新老艺术家纷纷走上荧屏，呼吁捐款或捐赠具有特殊意义的物品以供赈灾拍卖。8 月 21 日，由民政部、文化部共同举办的“携手筑长城”大型赈灾义演在人民大会堂举行，港台知名艺人等登台献艺义务演出。在这次赈灾活动中，香港地区共捐款 6.8 亿元，位居首位。

据统计，中国从港澳台地区、美国、日本、法国、泰国、英国、新加坡等国家和地区获得超过十亿元的资金援助，其中 80% 来自所在国及地区的华人同胞。

三、抗击“非典”

2003 年 4 月，中国出现非典型性肺炎（简称“非典”）疫情。一些受“非典”困扰的地区出现医用物资短缺的情况，防护口罩、防护服、温度计、消毒液、清洁液等医用品供不应求，部分内地省份的抗“非”

资金也比较紧张。中国非典型肺炎疫情牵动着海外中华儿女的心，许多华侨华人通过侨联表达了对中国抗击“非典”斗争的关切和支持，并踊跃向国内捐款捐物。

在亚洲，泰国中华总商会率先捐款以支持中国人民抗击“非典”，随后，泰国各华人社团纷纷响应，展开募捐行动。印度尼西亚著名华商黄志源、彭云鹏等也慷慨捐资给中国政府。菲律宾一侨领致信中国有关部门说：“我们中华民族经历了无数的风风雨雨和苦难的奋斗，是一个久经考验的伟大民族。我们坚信，在以胡锦涛为总书记的党中央的英明领导下，全国人民团结一致，奋勇作战，一定能早日战胜‘非典’疫情，为保障人民身体健康，取得最后的胜利。”

为抗击“非典”，英国华侨华人也纷纷举行捐款仪式。英国侨领邓柱廷、叶煌兴分别代表全英华侨华人支援中国抗击“非典”捐款委员会、全英华人社团联合总会将约3.5万英镑和1万英镑的支票交给当时中国驻英大使查培新。此前，旅英香港社团居民募集的3.3万英镑捐款已交中国香港特别行政区。刚刚庆祝了88岁寿辰的杨门允将自己的生日礼物——一尊150克的金雕像义卖所得的1688英镑全部捐出。

美国中华工商团体联合会会长罗文正和美国越柬老挝华人联合会副总干事陈树权及美西易经学会的汪忠长发起成立了“美国南加州华人防治非典型肺炎后援会”，并分别代表各自的团体捐献3000美元。纽约的华侨华人于5月2日成立了“纽约各界抗SARS救灾委员会”，接到许多热心机构和个人的捐款捐物，其中包括与防治“非典”有关的消毒、防护用品，抗菌抗病毒的药品、试剂和有关医疗设备。由美国华人医师会发起，旅美科技协会大纽约分会、中医院校旅美同学会等八个旅美华裔专业团体共同筹办的“非典救援基金会”5月10日在纽约成立。美国华人医师会会长鲁兵在成立仪式上宣布，基金会的宗旨是为中国控制

“非典”疫情及相关研究，推动在美国的华人社区有关“非典”科学知识的传播等提供援助。

加拿大华人专业联合会为支持中国抗击“非典”而发起的募捐活动得到众多华人团体的响应。加拿大温哥华地区16个侨团29日联合举办的“抗‘非典’献爱心募捐招待会”会上所获的1.2万多加元的捐款将转交给中国有关方面，以帮助为抗击非典型肺炎疫情而献身的医务人员的家属。募捐活动发起人加华医药专业联合会会长谷世安医生表示，虽然非典型肺炎疫情目前基本已经平息，但海峡两岸为抗击“非典”疫情而献身的医护人员的献身精神应得到颂扬。谷医生表示，作为在加拿大的华侨，有义务也有责任尽自己的一份力，帮助在抗“非典”斗争献出自己生命的烈士家属。曾担任多届加拿大华商会会长的老华侨谢伯衡先生这次捐赠了5000加元。他说，“非典”疫情给中国带来巨大灾难，华侨虽然身在海外，但仍然心系祖国，他愿意竭尽所能为国家做些贡献。

据不完全统计，截至2003年6月初，北京、天津等19个省市接受华侨华人捐赠的货币及物资折合人民币共2.07亿元。从捐赠者的情况来看，既有个人捐助，也有社团捐助。就个人捐助而言，既有华商、侨领等几百万的大笔捐赠，也有中小学生等几元的小数额捐赠。但无论捐款多少，都代表了华侨华人对同胞的血肉深情。

四、抗震救灾

2008年5月12日，四川省汶川县发生了里氏8.0级特大地震灾害。地震波及了陕西、甘肃、重庆、云南等八个省和直辖市，造成大量房屋倒塌、人员伤亡和财产损失。突如其来的大地震牵动了每个海外华侨华人的心，世界各地华侨华人迅速行动起来，为受灾群众捐款捐物，慈善事迹数不胜数。截至 2008 年 6 月 1 日，全球华侨华人通过“侨爱工程”、驻外机构、中国红十字会、慈善总会等途径为中国抗震救灾捐赠款物已达 11.33 亿元。时任中国国务院侨务办公室主任李海峰提到，侨胞捐赠反应之快、规模之大、所捐款项之多，均创华侨华人赈灾史上的新纪录。

全球发生的同类捐赠活动可谓感人至深。地震发生当天，80 多岁的老华侨李丹凝就打电话来询问捐款事宜。第二天一早，老人从几百千米外赶到大使馆捐款。还有一位在波兰打工的小姑娘汤园，在领事处办事时得知地震的消息，二话不说马上捐出了身上除了食宿路费外仅有的 100 兹罗提（1 美元约合 2.17 兹罗提）。波兰 Athletic 集团董事长曾小辉通过个人和公司的名义共捐款五万美元。他说：“虽然来波兰已经快 20 年，但是我时刻铭记，祖国的事就是我们的事，祖国同胞的困难就是我们的困难，我们的心永远同祖国连在一起。”

2008 年 5 月 21 日，墨西哥华侨华人烛光悼念汶川地震遇难同胞

在洛杉矶希望城国家医疗中心工作的数十位华人医疗专家和研究人员5月16日自发组织了为四川灾区捐款活动，并号召在医疗中心工作的国际友人向灾区人民伸出援助之手；加州大学洛杉矶分校的300多名中国留学生16日晚在校园举行烛光守夜活动，寄托对四川地震中遇难同胞的哀思，同时为灾区开展募捐：总部设在洛杉矶的世界越柬寮华人团体联合会16日呼吁所有越柬寮华人乡亲为祖（籍）国灾区捐款，仅联合会在南加州洛杉矶和圣地亚哥两地下属社团的捐款额就超过20万美元。

在这次地震中，法国川渝同乡会会长杜娟有两位亲属不幸遇难，她强忍悲痛，没有马上返乡照顾亲人，而是留下来组织募捐活动。她负责的法国川渝同乡会把第一批善款10万元全部汇往中国红十字总会，接着又把筹得的20万元汇到了四川省红十字会，后来又把筹集到的大量欧元汇到四川省侨办。在日华侨施海潮，是日本大阪福利大学的医学教授，5月15日，他和四川省侨办主任周敏谦通电话，表示他曾经参加过日本阪神大地震的医疗救护队，现在中国遭受这么大的灾难，他一定要去灾区当志愿者，救护伤员。第二天，施海潮就飞往四川成都，参加汶川大地震重灾区之一绵阳安县茶坪乡的救助活动。他不仅现场参与当地的救援和防疫工作，还直接领导了一个由22名志愿者组成的救援防疫队，一直战斗在救援第一线。

地震发生后，国侨办立即启动了“侨爱工程”。据不完全统计，侨胞直接通过国务院侨办捐赠款物达2.19亿元。为协助海外侨胞向灾区奉献爱心，国务院侨办推出了“侨爱工程”地震灾后重建的“双百项目”，计划在三到五年内，用侨胞捐款在地震灾区援建“侨爱学校”和“侨爱卫生院”各100所。结果，短短半年多该项目就提前完成。除此之外，海外侨胞还关心受灾群众住哪里，什么时候才能住进新房子开始新生活。国侨办为此推出“侨爱家园”项目，资金来源是国家补助、侨捐、农户自筹三合一。在地震周年之际，受益于首个“侨爱家园”，四川省青川县关庄、竹园两镇160户农家有了新家。群众很感激，“做梦也没想到能住上这么好的房子”。一份份捐款，蕴含着海外侨胞对灾区人民的无限爱心；一个个援建项目，表达了海外侨胞对灾区重建的鼎力支持。

第八章　支援中国抗击新冠肺炎疫情

庚子新春，新冠肺炎疫情突如其来。在以习近平同志为核心的党中央坚强领导下，一场疫情防控阻击战在中华大地打响。面对这场疫情，中国并不是在孤军奋战，而是得到了来自世界广大华侨华人的爱心温暖和行动支持。武汉市新冠肺炎防控指挥部2020年1月23日发布通告，当前急需用于疫情防控的物资，包括医用设备、医疗设备、试剂、药品、耗材等。1月26日，中国侨联、中国华文教育基金会等向海外华侨华人社团发出倡议，呼吁海外侨胞紧急行动起来，向疫区捐款捐物。倡议一经发出就受到侨界高度关注和大力支持。这场疫情让所有的中华儿女亲身感受到，无论天南地北、五洲四海，中华民族炎黄子孙始终血脉相依、命运与共。

一、美洲

2020年1月31日，2.5吨医疗物资直接从美国旧金山送抵武汉协和医院。这是武汉自1月23日宣布封城9天之后，收到的第一批大宗海外民间捐献物资，可谓是雪中送炭。此批物资由美国“武汉爱心同盟”捐助，该机构发起者是旧金山湾区的武汉大学北加州校友会和华科北加州校友会，包括硅谷高科技公司工程师、大学教授及医疗工作者等多个领域的专业人士。机构创始人龚义涛是华中科技大学1988级校友。他激动地说："硅谷的华侨华人都十分关注武汉的情况，在得知武汉封城的消息之后，我们觉得必须为湖北马上做些事。"随后，一支包括硅谷科技工程师、大学教授的海外志愿者队伍迅速集结成立。在武汉封城的第二天，志愿者们就昼夜不停，加班加点翻译外文合同，准确无误地完成所有医疗物资电子通关手续，使这批援助物资顺利抵达武汉，爱心同盟的志愿者们亲手将其交付给奋战在武汉协和医院一线的医务人员。

武大和华科北加州校友会捐赠防疫物资

美国福建华人联合会接待了不少捐助者，他们之中不但有出生在中国的第一代华侨华人，也有出生在国外的侨二代和侨三代。2月1日这一天，美国福建医学会会长田晓镕来到联合会。他说："从小，我的父母就告诉我，我的祖籍是福建马尾，要热爱自己的祖国和家乡。最近，新冠肺炎疫情在祖国蔓延，我们这些'侨二代'都很关注，觉得应该伸出援手，为祖国尽一份力。现在祖国急需口罩，我们今天先捐助一批。我是医疗从业者，如果后面有更多的需要，我们也会积极组织更多的人来参与。”说罢，他当即捐赠了一万只医用口罩。一名祖籍福建的年仅12岁的“侨三代”陈源，急匆匆来到联合会，拿出今年仅存的300美元压岁钱，对工作人员说：“叔叔，我也是中国人，我也很揪心，我要学钟爷爷，请把这些压岁钱交给祖国同胞。”从处理捐款、捐赠物资，到想方设法采购医疗物资、组织货源、报关、装箱等，美国福建华人联合会十来个成员夜以继日忙个不停。他们将一批批的防控物资发往福州，通过福建省红十字会转交武汉。

新冠肺炎疫情牵动着加拿大华侨华人的心，温哥华、蒙特利尔、多伦多等地的华人社团连日来正积极发起支援武汉抗击疫情的行动。多伦多华人团体联合总会当地时间1月25日宣布，将立即通过在多家大型华人超市设立爱心捐款箱等方式，在华人社区展开大规模支援武汉爱心捐款活动，并将通过官方渠道，尽快将善款及相关生活和医疗必需物资送到需要者手中。多伦多华人团体联合总会主席翁国宁表示，天下华人血脉相连，多伦多华人在阖家庆祝新春之际，不能忘记武汉城中与疫情斗争、需要帮助的同胞们。本着“一方有难，八方支援”的精神，该会呼吁海外侨胞与家乡人民同呼吸共命运，伸出友爱之手、献上爱心。

在蒙特利尔，武汉大学蒙特利尔校友会、魁北克湖北同乡会共同发起倡议，呼吁当地侨胞及各界爱心人士行动起来，向疫区捐赠急需的物资。倡议书说，我们虽然身处海外，但心中时刻牵挂着祖国人民的安危。除了关注疫情、提醒家人朋友注意防范，致敬奋斗在一线的医护人员外，我们希望以切实行动支援武汉人民抗击病毒，为祖国贡献绵薄之力。在温哥华，加拿大华人联合总会已号召其所属团体会员和个人成员本着“大爱无疆”的精神奉献爱心，为武汉市及周边地区的民众和医护人员捐献口罩，或做出其他力所能及的贡献。该会会长牛华表示，善行始于行动，也许一个口罩就可避免一次传染、挽救一个生命。

巴西华侨孙特英已经67岁。她在得知国内发生疫情后，第一时间建立微信群，号召里约热内卢华侨华人献计献策。大家纷纷伸出援手，表示“我们的根在中国”。得知购买和运送的是医疗防疫物资，大家都尽全力提供帮助，巴西机场工作人员主动表示“加班也要为你们处理好”。为协调购买和运送医疗物资，她在巴西多个城市奔波。孙特英说：“中国是我们最坚强的后盾。广大华侨华人虽然生活在国外，但永远心系祖国。我们相信，中国必将战胜疫情！”

2月7日，一批由阿根廷各侨团捐赠的抗疫物资经成都机场入境。8日晚部分物资将搭载厦门航空航班转运至福州长乐机场。该批入境物资包括口罩、防护服、头套、橡胶手套等，总金额约12万美元。该批物资抵达成都机场后，由在国内的阿根廷华助中心主任严祥兴和阿根廷华人进出口商会会长薛文强负责带队接收、清关以及发往各急救机构。四川省红十字会人员到场帮忙清关，来自成都的一些志愿者和两个阿根廷留学生也帮忙配送。严祥兴说：“作为祖国的一分子，我们自己辛苦点是应该的。现正值非常时期，有这么多人对我们提供帮助，真的很感动。”

二、亚洲

当地时间2月17日，中国驻新加坡大使洪小勇出席新加坡中华总商会举行的援助中国抗疫捐款交接仪式。新加坡中华总商会会长黄山忠，中国驻新加坡大使馆经济商务公参钟曼英，新加坡卫生部、新加坡红十字会相关负责人20余人参加了交接仪式。洪小勇大使表示，在当前中国抗击疫情的关键时刻，新加坡政府、红十字会、商团组织和各界人士向中国提供了宝贵的援助。黄山忠会长表示，中华总商会积极响应新加坡政府的号召，通过各种渠道呼吁总商会董事、商团及会员企业参与到支持中国抗疫的捐助中，短短时间总商会共筹集 110 万新加坡元善款，在此，对所有会员的无私奉献表示感谢。他希望，中华总商会的捐助行为可以鼓励更多的商团、企业和公众加入捐赠的行列，与中国一道共同抗击疫情。随后，在到场嘉宾的见证下，黄山忠会长将中华总商会筹集所得的 110 万新加坡元支票交与新加坡红十字会，用于支持中国抗击新冠肺炎疫情。

86 岁的老侨领——菲律宾华商联合总会永远名誉理事长、菲律宾航空公司董事长陈永栽先生长期致力于服务菲律宾华人社会和积极推动中菲友好关系。他每年组织千人规模的“菲律宾华裔学生学中文夏令营”，资助由菲律宾华教中心发起的培养本土中文教师的“造血计划”。国务院侨办曾授予他“热心海外华文教育杰出人士”称号。面对此次中国疫情，陈永栽说：“中国现在碰到这么大的困难，我们一定要帮它！”他通过中国华文教育基金会捐款 1000 万元，专项用于支持福建、湖北、辽宁和江西等地抗击疫情。

当地时间 2 月 12 日，满载抗击新冠肺炎疫情急需物资的厦门航空波音 737 客机从雅加达苏加诺·哈达国际机场起飞，飞往中国福州长乐国际机场。766 箱共 6888 千克的口罩、防护服、护目镜等抗疫物资，挤满了该机的客舱和货舱。2 月 5 日零时起，中国印尼两国航班暂时停航。在获知印尼华人华侨计划为福建省福清市捐献抗疫物资时，厦门航空决定通过包机将所有物资火速打包运至中国。厦航雅加达办事处工作人员立即奔走协调，通过中国驻印尼大使馆的协助，迅速获得了印尼民航局、军方、外交部的审批。正常需要一周时间的审批仅用了一天半就获得批复，成为 2 月 5 日两国停航以来首次货运包机。

1 月 31 日凌晨，泰国中国和平统一促进总会秘书长周昭耿和同事忙了十余个小时，把紧急购置的六万余个口罩发往广东，用于支持家乡的疫情防控工作。2 月 1 日，老挝广西商会捐赠的 1.2 万个口罩到达玉林，由玉林市侨联干部直送玉林市红十字会医院、市第一人民医院等玉林市抗击疫情第一线。据了解，这批口罩是老挝广西商会响应自治区侨联、玉林市侨联倡议，广大老挝华侨华人积极捐款，并在驻老挝中国大使馆、老挝华助中心的帮助下，在泰国、老挝等地多方寻找货源，在短短的两天时间内筹集而来，成为疫情发生以后玉林市收到的第一批海外捐赠。

1 月 28 日下午，日本湖北总商会、武汉大学日本校友会等旅日侨团，大年三十开始筹集救援物资，三天时间，筹集了价值数千万元的医疗物资。但是，物资到位后，如何送到武汉成了难题。因日本与武汉之间的民航客机已暂时中断，日本乐 GOO 国际株式会社社长青海主动提出，愿意自费以专线包机的形式，将旅日华侨的爱心直接送到武汉。日本乐 GOO 国际株式会社社长青海说：当时，我们的飞机是唯一直飞武汉的航班，为了把在日华人华侨的捐赠物资尽快发往武汉，驰援国内疫情，将飞机作为运送武汉物资的包机，这是我们的使命。捐赠物资通过大阪关西国际机场，用华人自己的包机，发往武汉。

1 月 26 日，全韩中国学人学者联谊会发出“爱心驰援、共抗疫情”新冠肺炎疫情防控募捐活动倡议，全体在韩中国学生学者通过公益平台参与。倡议发出当日，在韩中国学人学者的朋友圈均被刷屏，广大在韩学生学者热心关注，积极响应。在不到十小时内即有 26697 名在韩学生学者共捐款 539709.64 元。根据公益平台官方公布的消息，此次募捐活动的收款执行方“浙江省慈善联合总会”从 1 月 29 日至 2 月 6 日，分六次使用收到的捐款进行了紧缺物资的采购和运送。全韩学联在通过公益平台倡议募捐的同时，也积极携手在韩留学毕业生自主创业企业“奋韩网”，倡议在韩华人华侨、留学生进行募捐。截至2月2日，共募集善款63550元和上万件捐赠物资。“奋韩网”负责用募集到的善款购买紧缺物资，已运送到湖北抗击疫情定点医院。

三、非洲

新冠肺炎疫情牵动埃及华侨华人的心，除旅埃侨团、在埃中资企业积极发起筹集倡议外，在埃留学生和一些其他个人也自发购买物资捐助，支援祖国抗疫。2月4日中午，搭载四川航空公司航班的一批医用物资离境埃及，送到中国国内各地支援疫情防控。本次货物中的13万个无菌医用口罩，是由埃及华人华侨协会暨埃及开罗中国和平统一促进会筹集的第一部分捐助物资。会长付金丽说，协会发起捐助倡议后，在埃华侨华人积极响应并筹备善款。埃及当地为应对将来可能出现的疫情，已经预订了工厂一定数量的产能，短时间内要在市面上购买到足够的货物并不是件易事。好在一些埃及当地的朋友主动出面，在联系供货方面提供了不少帮助。经过三天的努力，克服重重困难，第一部分物资最终备齐。在贴上捐赠信息和“中国，加油!”“众志成城！共同战疫!”等标语后，物资被连夜送入开罗国际机场报关。

博茨瓦纳中国和平统一促进会暨华人慈善基金会是较早发起倡议的在博侨团之一，疫情发生后他们第一时间发起捐款倡议，倡议发出后得到了超过百位侨胞及中资企业和机构成员的积极响应。为克服部分侨胞不能银行转款的不便，秘书处工作人员詹城顶着烈日、不顾劳累安危逐家向有意捐款的侨胞收集善款，由于工作量大，詹城用于收集捐款的车辆被盗丢失善款36770普拉（约合人民币23451元）。会长南庚戌得知事情后表示，车辆被盗财产损失可以理解，但捐助的善款一分都不能少，并随即决定自己出钱补齐丢失善款，同时自己企业捐300多件防护服及医用护目镜等防疫物资。和统会暨华人慈善基金会共收到近160多位侨胞和中资企业及机构的捐款共计307147普拉（202233元）。经征求使馆意见后善款分别捐助给湖北省黄冈市中心医院及湖北慈善总会，定向用于武汉第七医院。

1月23日，肯尼亚中华总商会开始为新冠肺炎疫情募捐。首先是号召大家捐款，然后再去购买医用物资，所有医疗物资都是该商会秘书处以“扫街模式”在内罗毕市所有医疗机构、药店中采购。同时，在资源紧缺的情况下，发动身边的朋友、爱心人士寻求资源。商会会长卓武说：“在不到十天的时间里，我和同人们白天寻求资源，晚上进行统计，做发往国内的文件。大家忙着，累着，却感觉特别有意义。”商会的同事们，他们有的负责机场报关，有的负责单据，有的负责财务后勤，有的负责采买，每天大家都工作到晚上10点以后。据卓武统计，自1月23日发起捐款起，截至2月2日，共收到135笔单位或个人捐款，共计金额516500元。“还有捐物资的，例如一位侨胞直接送来2000个口罩，委托我们发给国内需要的医护人员们。”

43岁的张光宇扎根尼日利亚已有16年，作为尼日利亚华商联合会会长，把中国侨联1月26日倡议和捐款的信息发到了尼日利亚华商联合会的微信群里，不到两个小时，就收到了联合会会长单位其他15位成员的款项，共计16万元。捐款者分别来自浙江、江西、安徽和山东等省份，第一笔款项已转至武汉红十字会账户用于专款专用，后续百余位在尼日利亚的华人华侨的捐款正在发动。东非广东同乡会执行会长詹立表示，了解到国内的疫情后，乡亲们都踊跃捐赠。他们采购了六万只医用外科口罩，捐给广东省，希望这些口罩能够解家乡燃眉之急。

四、欧洲

意大利亚得里亚华商会得知新冠肺炎疫情的形势严峻，国内医用防护物资紧缺时，向会长团及当地华人华侨发出了倡议，为援助祖国和家乡抗击疫情尽绵薄之力。活动得到了意大利亚得里亚华商会会长团成员、当地侨胞及社会各界人士的积极参与和大力支持。大家慷慨解囊，纷纷捐款捐物。在短时间内共募得善款四万多欧元，截至2月20日，意大利亚得里亚华商会用所捐善款购买了医用口罩48000个，医用防护衣3500套，医用鞋套3000双，以及医用手套、帽子等。捐赠物资分四批陆续发往祖国最需要的地方。

为确保援助物资及时到位，旅比华人专业人士协会会长徐志安经常忙碌到凌晨。“无论多困难，也要尽最大努力，以最快的速度把物资送到中国。”为了筹集物资，确保产品质量，节约通关时间，徐志安有时一天要接打近百个电话。他表示，疫情暴发后，比利时华侨华人每时每刻都挂念着中国，只要能让医护人员得到更好的保障，大家再辛苦也是值得的。“面对困难时，中华民族的团结和坚毅让我们深受鼓舞和感动，中国政府出台了一系列有力防控举措，相信大家齐心协力，一定能尽快战胜疫情。”

1月25日，俄罗斯中国总商会获悉疫区医疗物资紧缺后，在中国驻俄罗斯大使馆的领导和大力支持下，发出倡议，鼓励所有会员单位、驻俄中资企业以及华人华侨踊跃为疫区捐赠医疗物资，共同为防治和抗击疫情出一份力。倡议得到了总商会会员单位、华人华侨、留学生的积极响应，万里驰援。格林伍德国际贸易中心、中国国际航空、海南航空、中国建设银行、申通物流、柳工机械等部分骨干企业抽调骨干力量，腾出现有仓库，协调航空舱位和运力，全力做好各项统筹和服务工作。各界人士团结一致，动用一切资源筹备口罩、护目镜、防护服等医疗物资和钱款，踊跃捐赠。

来自喀山的钟先生带着当地华人华侨爱心捐赠的55箱口罩驱车13个多小时赶到俄罗斯中国总商会。当时是凌晨四点，为了不打搅已经连续奋战十余天的总商会工作人员休息，他在严寒中一直等到天亮。一位年迈的旅俄少数民族华侨虽然行动不便，但还是在周边药店购买了数千个口罩亲自转交总商会工作人员，表示希望能为祖国同胞尽一份心。一箱箱来自伊尔库、托木斯克、喀山等各地的八方医疗资源汇集，华人华侨、留学组织等社会各界用爱心架起保障桥梁，很好地诠释了在俄海外中华儿女守望相助的赤子之心。

俄罗斯中国总商会向国内捐赠抗疫物资

2月7日，6450双手套从英国剑桥出发，运往物流货仓。它们的最终目的地是湖北省武汉市中心医院。这是英国剑桥中国学生学者联谊会和牛津中国学生学者联谊会联合全英华中科技大学校友会、北大英国校友会共同发起的“驰援湖北，刻不容缓”行动所发往湖北的第三批物资。“新冠肺炎疫情发生以来，身在海外的我们一直十分关注国内的情况，希望能为疫情防控尽一份绵薄之力。”该活动的发起人之一、剑桥大学博士生朱葛赟剑还记得 1 月 27 日那天，适逢剑桥春晚，便在春晚现场正式宣布活动启动。活动当天，现场出售奖券获得的资金全部用于支援湖北抗击新冠肺炎疫情，线上筹款平台也在晚会结束次日开启。

如何从海外将采买好的物资运送回国是摆在大家面前的另一重困难，“不是一件简单的事”。据朱葛赟剑介绍，把物资从英国运到湖北相关医院的过程包括英国境内物流、英国到中国航运、中国海关清关、国内地面物流、医院签收等。“在这个过程中，为了确保送到医院的物资符合医护人员使用标准，涉及的相关手续都非常复杂。”令大家欣慰的是，京东集团在他们运送疫情防控物资回国的过程中，提供了大量的帮助。

在了解到湖北等疫情较为严重的地区急需医用防护类物资后，奥地利华侨华人和留学人员成立抗灾物资联盟，开始组织募捐，至 1 月 26 日，已逐步建立购置、存储、运送物资的基本渠道，为驰援国内前线打下基础。筹备初期急需更多的人力和信息，维也纳中国学生学者联谊会立即联合奥地利各地学联和当地华侨华人社团，迅速组织起志愿者队伍，他们中有多位医学专业的学者，能够为物资购置提供专业支持。志愿者们通过线上搜索、亲身走访等方式积极联络各大厂商寻找货源，集结后清点、核查、记录，明确产品符合何种行业以及适用范围后进行信息标注，再一批批送往国内救援一线。学生志愿者还参与捐款账户管理和核对工作，对募捐进行公示，确保信息公开、透明。1 月 28 日，第一批捐赠物资到达集散地，次日发往武汉，2 月 1 日安全运达。2 月 3

日、4 日、8 日，另外三批物资发往国内。

土耳其华侨华人持续采购医疗物资捐赠回国，支援祖国抗击疫情。土耳其当地的华侨华人、中资企业广泛采购医疗物资，并与国内航空及物流公司合作，确保医疗物资顺利运往国内。据不完全统计，土耳其华侨华人、中资企业自主或协助向国内捐赠了至少 66 万个口罩及三万件防护服。土耳其中资企业总商会会长周延泉说："这次我们感觉，捐赠情况用几个字可以概括，就是热情非常高、速度特别快、方法特别多。"

迪丽巴尔是一位在土耳其生活工作了 29 年的维吾尔族华侨。1 月 28 日，她在获悉国内医疗资源紧缺的情况后，第一时间动用各种渠道，在土耳其采购到了高标准的医用物资 89 箱。随后，在我驻土大使馆、南航等各方协调配合下，通过绿色通道，以最快的速度将物资捐赠给了湖北慈善总会以及浙江慈善总会。迪丽巴尔感慨地告诉记者："通过这次捐赠活动，我深深感受到了大家在灾难面前爱国爱家园的满腔热情和忘我的付出，也为自己能尽到微薄之力感到荣幸。"

五、大洋洲

澳大利亚的华侨华人响应祖国号召，支持武汉地区抗击疫情，打赢疫情防控阻击战。在得知祖国疫情消息的第一时间，全澳中国和平统一促进同盟会会长钱启国等人在最短的时间内组织起各个在澳侨团、协会，充分发挥华侨华人联系广泛、渠道众多的优势，积极从本地以及世界范围内，采购急需和紧缺的医疗物资，并组织多种形式的宣传募捐活动，广泛团结在澳华侨华人加入疫情防控阻击战中。全澳统促同盟、悉尼统促会等先后三次，用专车向湖北武汉各医院和新建的方舱医院以及新疆地区捐赠 110 台制氧机。

澳大利亚昆士兰统一促进会会长、中澳商贸发展协会会长倪建良，于 1 月 30 日组织了募捐活动。短短数天，在当地的华人华侨慷慨解囊之下，成功筹集了 4730 澳元，为祖国抗击疫情贡献自己的一分力量。澳大利亚广州总会在会长许成康、荣誉会长肖学新的倡议下，发扬爱国爱乡的优良传统，筹得善款 15000 澳元、6170 元以及价值约 15000 澳元的医疗物资。悉尼北京会在徐永群会长的部署下，共筹得善款 12650 澳元，全部款项用于采购 1500 个 N95 口罩和制氧机。

在新西兰首都惠灵顿，惠灵顿中国学生学者联谊会和华人青年联合会也各自展开了筹款募捐活动，得到了当地国际学生、青年华人华侨的积极响应。新西兰潮属青年会筹得善款 71300 新西兰元及 34000 元。同时捐献物资，一次性口罩 5500 个，以及一批消毒免洗洗手液等。此外，新西兰中华青年联合会倡议发起了名为“NZ4Wuhan”的大型联合援助活动，由会长孙朕邦、武汉籍副会长林青带头，联合全国各地 17 家青年与学生组织，一方面募捐集资，一方面打通国内直达武汉第四医院的一条由国内会员志愿者接力完成的运输渠道。包括新中青联在内的 18 家社团最终完成了向武汉第四医院的精准捐助。同时，各参与单位本着“外援武汉，内援新西兰”的主旨，向新西兰社会传达反歧视、共情感的宣传，团结并争取新西兰社会，共同支持中国防疫工作。

我们的叙述只是挂一漏万。每一个驰援国内抗击疫情的感人事迹，都凝聚了海外中华儿女的爱国真情，传承了留学报国的光荣使命。天涯海角隔不开海外侨胞的赤子之心，万水千山斩不断血浓于水的同胞之情。海外中华儿女心系祖国的赤子情怀，令人心生敬意！

第三编 03

护侨措施

本编序

自1978年以来，中国对内进行各项改革对外实行开放政策，不断加快融入国际社会的步伐。特别是20世纪90年代，继中国“引进来”战略实施以后，中国国内的资金、人员和技术同国际市场接轨的条件逐渐成熟。到2001年中国加入世贸组织后，中国公民的出境人数已经从1978年的20万人次左右快速递增到2003年的2020万人次。据外交部统计，仅2006年一年，中国公民出境人数就达3452万人次，是改革开放之前30年总和的120多倍。截至2006年年底，境外中资企业累计达1万余家，中国对外投资、承包工程、劳务合作等业务遍及全球近200个国家和地区，各类外派劳务人员67.5万人。

与之相应的是，中国出境公民面对的风险概率也呈几何倍数增长，中国公民的海外安全问题变得日益复杂和严峻。例如2003年伊拉克人质事件，2004年尼日利亚政府限制温州鞋在当地的销售，2004年西班牙东部城市埃尔切发生了一起针对当地华人鞋商的示威抗议活动，抗议分子放火烧掉了该市50多位中国鞋商店铺和鞋城仓库内的温州鞋，2006年中国船员被索马里海盗劫持事件，2014年马达加斯加穆龙达瓦中资糖厂遇袭事件，2017年章莹颖失踪事件等。这些事件严重威胁到海外中国公民的人身、财产安全与中国的国家利益。

国家开展了全方位的护侨工作实践和对海外中国公民的安全保护工作。如于2003年5月发布《中国境外领事保护和服务指南》，以更好地帮助海外侨民排忧解难。2014年9月开通全球领事保护与服务应急热线，即12308热线，向侨民提供便捷、高效的领事保护与服务。海外中国公民的外延也在不断扩展，不仅包括长期定居海外的华侨，还包括短期出国旅游、探亲、经商、留学、文化交流等的中国公民群体。海外利益已经成为中国国家利益的重要组成部分。

晚清时期中国政府已经开始注意保护海外侨民的安全。具体措施有设立海外领事馆、派驻外使节等。中华民国时期延续了晚清时期的护侨政策。无论是北洋军阀统治，还是南京国民政府执政时期，政府都比较重视侨民的保护，制定了大量的法律法规，设立了专门的护侨机构，开展了大量的护侨实践，取得了一定的成绩。

中华人民共和国成立后至改革开放前夕，这一时期护侨政策主要是一个继承发展阶段。1949年的《中国人民政治协商会议共同纲领》中明确规定要保护华侨的合法权益，新中国政府继承了国民政府时期的护侨经验，书写了护侨工作的新篇章。“文化大革命”时期，护侨实践也不可避免地受到国内极“左”的思想的影响，遭到了严重的破坏。但总体来看，这一阶段所建立的护侨制度为后来的制度建设奠定了一个良好的基础。

第九章　护航索马里

一、索马里海盗

索马里位于非洲大陆最东部的索马里半岛，北临亚丁湾，东濒印度洋，海岸线长3200千米。索马里是世界上最不发达的国家之一，经济以畜牧业为主，工业基础薄弱。1991年，索马里内战爆发，之后长期处于军阀割据和无政府状态。索马里社会、教育体系崩溃，难民激增。联合国曾多次试图帮助索马里恢复社会秩序，并对索马里进行了人道主义援助，但一直收效甚微。因为生活贫困，一些人为了谋求生路而从事海盗活动，而这些举动得到了难民和居民的支持，使海盗活动有了广泛的群众基础。

索马里濒临亚丁湾。亚丁湾位于印度洋与红海之间，是从印度洋通过红海和苏伊士运河进入地中海及大西洋的海上咽喉，战略地位十分重要。据统计，每年通过苏伊士运河的船只约有1.8万艘，其中大多数都要经过亚丁湾。而这条重要国际航道也为索马里海盗提供了袭击的目标。

进入21世纪，海盗活动激增。索马里海盗训练有素，装备先进，得手率极高。海盗出击时，往往配备卫星电话、全球定位系统等先进通信器材，拥有自动武器、火箭筒等。海盗在劫船的过程中，主要使用快艇作为登船工具，然而这种小型船只只能在近岸处活动。为了获得更远行程，索马里海盗往往采取母船战斗群的模式。利用一艘经过改装的拖船或者货轮，携带多艘快艇出海。这样其活动半径可以延伸至距离岸边几百海里之外，过去远离索马里海岸的航行方式已经无法避开海盗的袭击。

海盗活动已经成为当地一种颇为成熟的“产业”。据东非“海员救助组织”估计，索马里海域的海盗在1000名以上。而为海盗提供情报、后勤服务的人则难以计数。索马里海盗有四大团伙：邦特兰卫队，他们是索马里海域最早从事有组织海盗活动的团伙；国家海岸志愿护卫者，规模较小，主要劫掠沿岸航行的小型船只；梅尔卡，他们以火力较强的小型渔船为主要作案工具，特点是作案方式比较灵活；索马里水兵，这是海盗中势力最大的团伙，其活动范围远至距海岸线200海里处。

索马里海盗

海盗活动的投入非常少，只需小船和其他枪支、通信等装备，与劫持所带来的巨大利润是不成比例的。被劫船只的船东宁愿支付高额赎金，也要保护船员的生命安全。海盗每劫持一艘船平均可获 100 万至 200 万美元。2008 年赎金总额可能在 1800 万至 3000 万美元。巨额的赎金使海盗活动变得更加猖狂。目前，在中国登记注册的远洋船只有 1000 余艘，有中国背景或中国海员的船只则远不止这个数字。索马里海域也是中国远洋船只和中国船员的必经之地。如此一来，他们也难免成为海盗袭击的目标。

2006 年 4 月 4 日，韩国“东源 628”号渔船在距索马里海岸线 200 千米左右的海域捕鱼时，被 8 个海盗劫持。经过长达 4 个月的艰苦谈判，在船东交了 80 万美元的赎金后，包括 3 名中国船员在内的 25 人才得以获释。仅 14 天后，在索马里沿海作业的台湾地区“庆丰华 168”号渔船又遭劫持。2006 年 5 月 25 日，由于与船东的谈判陷入僵局，海盗杀害了辽宁船员陈涛。船东和海盗整整谈判了 7 个月，付了 150 万美元赎金后，才和十余名船员平安回国。

2007 年 5 月 15 日，两艘坦桑尼亚籍渔船在距索马里首都摩加迪沙近 400 千米的海域遭劫持。船上共有 24 名船员，其中中国籍船员 10 名。次日，一艘台湾地区渔船也在索马里海域被劫持，船上有 8 名大陆船员、4 名台湾船员。2008 年 11 月 14 日，中国渔船“天裕 8 号”被索马里海盗劫持，船上共有 16 名中国船员（包括 1 名台湾地区船员）和 8 名外国船员。

随着索马里海域海盗活动的不断升级，国际社会对索马里海盗的打击也在加强。北约国防部长布达佩斯会议 2008 年 10 月 10 日决定要在印度洋保持军事存在，“保护向索马里运送救济物资的世界粮食计划署的船只”，派遣意大利、美国、英国、希腊、土耳其军舰各一艘，德国军舰两艘共 7 艘战舰开赴索马里，开展行动。俄罗斯也派出“无畏”

号护卫舰奔赴索马里执行任务。2008 年 10 月 16 日，印度国防部宣布，将向亚丁湾部署一艘海军舰艇，展开巡逻。日本也考虑派遣海上力量。肯尼亚则将参与打击海盗，保护世界粮食计划署运粮船。

二、中国派出护航编队

鉴于亚丁湾索马里海域日趋恶化的安全形势，以及索马里过渡联邦政府没有海军的尴尬局面。2008 年 6 月 2 日，联合国安理会通过第 1816 号决议，授权各会员国“合作打击索马里沿海海盗和武装抢劫行为”。

2008 年 11 月 29 日，索马里驻华大使阿威尔在接受《环球时报》采访时说，索马里政府无论在任何时间和地点都欢迎中国海军前往索马里海域，维护海上和平。同时他也表示，已经向中国发出了邀请。12 月中旬，阿威尔接受媒体采访时再一次表示对中国舰队的欢迎。他说：“我们欢迎，并且希望中国尽快派出舰队参加到国际社会的联合打击海盗的行动中来。”12 月 16 日，索马里过渡联邦政府外长贾马在纽约与外交部副部长何亚非会见时也表示，欢迎中方积极考虑派军舰赴索海域参加护航。

2008 年 12 月 20 日，中国国防部发言人胡昌明正式宣布，中国海军南海舰队将派出包括两艘驱逐舰和一艘补给舰在内的联合舰队，于 12 月 26 日从三亚启航，前往索马里海域护航。同日，外交部发言人刘建超也正式向外界发布中国海军决定向索马里海域派出舰艇护航的信息。12 月 22 日，中国常驻联合国代表张业遂分别向联合国秘书长潘基文和安理会当月轮值主席克罗地亚常驻联合国代表尤里察通报了中国决定向索马里海域派遣海军舰艇实施护航的决定。潘基文和尤里察对中国政府做出的决定表示欢迎。

中国海军护航编队主要的任务是：保护航经亚丁湾、索马里海域的中国船只、人员安全；保护世界粮食计划署等国际组织运送人道主义物资船舶的安全。同时中国海军也将与周边海域护航的各国海军展开国际合作，共同维护此海域安全稳定。中国海军护航编队也将在必要的时候参与人道主义救援行动。

2008 年 12 月 26 日，中国海军首支护航编队从三亚启航，奔赴预定海域执行护航任务。护航编队由“武汉”号和“海口”号导弹驱逐舰、“微山湖”号综合补给舰、两架舰载直升机以及部分特战队员组成。首批护航编队护航时间 4 个月，为 212 艘船舶护航。2009 年 4 月 2 日上午，中国海军第二批护航编队从广东湛江启航，赴亚丁湾、索马里海域接替执行护航任务。7 月 16 日上午，中国海军第三批护航编队从浙江舟山东海舰队某军港起航，赴亚丁湾、索马里海域执行接替第二批护航编队护航任务。到 2021 年 1 月，中国共派出 37 批护航编队，顺利完成 1000 多批船舶护航任务。

中国护航编队第 36 批奔赴亚丁湾

海军在亚丁湾护航，展示了中国负责任大国的形象。护航行动中，中国海军护航官兵与各国海军密切合作，严格遵守国际法有关规定和联合国有关决议，并积极为外国商船提供应急救援。在中国海军安全护送的船舶中，一半以上是外国船舶。除了护航任务，护航编队还多次圆满完成与外军联合护航、联合演习，撤侨，以及友好访问等任务，充分展示了我国负责任大国和我军和平文明之师的良好形象，受到国际社会的广泛好评。

三、护航历程

下面是护航行动的两个例子。

2009 年 8 月 6 日，时值第三次护航编队在索马里海域执行任务。下午 4 时，舰上突然警铃大作，我国商船“振华 25 号”在亚丁湾西部海域遭遇疑似海盗船只追击。这是我们进入亚丁湾后首次遇警。编队指挥所命令船上直升机立即起飞，前往紧急救援。

1 小时 28 分钟后，直升机飞达目标上空，副团长刘进坤发现“振华 25 号”右舷三到四海里处有七八艘小艇，正高速向其包围机动。“啪，啪……”机上特战队员接连发射信号弹示警，可疑小艇毫无反应，依然继续机动，伺机包围“振华 25 号”。每个小艇上都有八九个人，小艇都是双挂机，速度非常快。他们似乎不把孤零零的护航直升机放在眼里，依然我行我素。

刘进坤立即下放边距杆，降低飞行高度，加大威慑。800 米、400 米、200 米……海盗近在眼前，直升机已完全处在海盗武器射程范围内。特战队员也早已拉开保险栓，手扣扳机，瞄准海盗。透过挡窗，我们清楚地看到海盗的火箭筒和步枪瞄准着我们，剑拔弩张，生死瞬间。

直升机悬停片刻，刘进坤毫不犹豫降低高度，几乎贴着洋面从海盗头顶掠过，海面翻腾起强烈的水汽，直升机强大的升力让海盗小艇在波峰浪谷中摇曳。同时，特战队员发射的爆震弹也在半空连续爆响，形成强大的威慑气势。对峙几分钟后，一艘可疑小艇再也承受不住压力，转向逃离。随即，其他小艇也紧跟着掉转方向。为防止海盗再度折回，直升机在商船附近继续盘旋，直到海盗消失无踪。确定“振华 25 号”安然无恙后，才放心地转向返航。

第二个事例发生在第五批护航编队执行任务期间。当地时间 2010 年 3 月 18 日，中国“振华 9 号”商船因为船速过慢，未能按时抵达曼德海峡东部预定海区。为了不致影响其他船舶的航行计划，编队决定由“微山湖”舰单独护送。

3 月 20 日 9 时 45 分，“微山湖”舰特战分队重机枪手李跃正在左舷值瞭望更。突然，左前方海域发现数艘疑似小艇正急速赶来。“‘振华 9 号’左舷 160 度方向发现可疑目标!”他迅速将这一情况报告舰上指挥所。指挥员邱和兴果断下令，“微山湖”舰斜插至“振华 9 号”左侧，全力予以保护。

眨眼间的工夫，一拨拨小艇从四面八方，像“饿狼”扑食般疾驰而来。形状不同、大小不一的小艇时而聚拢、时而分散，向“振华 9 号”步步进逼压近。“进入一级反海盗部署!”10 时 5 分，“微山湖”舰进入战斗状态。随着指挥员一声令下，两发红色信号弹直冲云霄。然而，一群可疑小艇不顾警告，向“微山湖”舰直冲过来，逼近至“微山湖”舰左舷 1 海里处。

“发射爆震弹、闪光弹!”指挥员邱和兴果断下令。小艇仍置之不理。10 时 39 分，冲在最前面的几艘小艇已接近至“微山湖”舰左舷。指挥员下令使用重机枪进行警告拦阻射击。李跃迅速调整瞄准基线，锁定目标区域。“嗒嗒嗒……”枪声响彻海空之间，一道 3 米多高的白色水墙，阻拦在小艇前方。顿时，空气像是凝固了一样，来势汹汹的小艇迅即“刹车”，“狼群”骤然间杂乱无章，纷纷四散逃离。“微山湖”舰重新调整航向，护卫着“振华9号”继续前行，并于当地时间3月21日清晨，将其护送至安全海域。

2012年10月5日，一艘航行在印度洋上的独桅帆船遭到海盗袭击，这是台风季过后的首起索马里海盗袭击事件。不过，较之2011年，2012年索马里海盗袭击次数骤减，被扣船仅五艘，其索得的赎金少得可怜，不少海盗甚至传出“破产”消息。欧盟海军护航部队发言人杰奎琳中校在接受《环球时报》记者电话采访时证实：“2012年以来的几个月，海盗袭击的数量迅速减少。”

设在马来西亚吉隆坡的国际海事局“海盗信息报告中心”向《环球时报》记者提供的最新数据显示，截至2012年7月，海盗先后发起了69次袭击，得手13次。与2011年同期相比，索马里海盗袭击次数下降了60%。

一些曾经被索马里海盗劫持的中国渔民都说，这些海盗也不愿意家乡成为“海盗老巢”。丈夫仍被索马里海盗扣为人质的浙江渔民虞女士告诉《环球时报》记者：“海盗们现在除了谈赎金外，一多半时间要我老公教他们怎么捕捞龙虾和其他水产，似乎有点想金盆洗手的样子。”

海军护航编队的行动，有力维护了中国海外利益的安全。亚丁湾护航有力地维护了国家战略利益，充分体现了中国政府以人为本、执政为民的理念，也向国际社会展现了中国负责任大国的担当。然而，亚丁湾海域仍不太平，各国海军护航行动任重道远。中国海军护航官兵将继续加强与各国海军的交流合作，确保这条世界“黄金航道”的安全和畅通。

第十章　湄公河行动

2011 年 10 月 5 日上午，中国商船“华平号”和“玉兴 8 号”在湄公河金三角水域遭遇袭击，“华平号”上的六名中国船员和“玉兴 8 号”上的七名中国船员全部遇难，其中一人失踪。2012 年 4 月 25 日，“10·5”案件联合专案组在老挝波桥省抓获案件主犯糯康。2013 年 3 月 1 日，案件主犯糯康、桑康·乍萨、依莱、扎西卡在云南昆明被执行死刑。

一、事件背景

澜沧江发源于中国青藏高原，在西双版纳中缅边境 243 号界碑处出境后称湄公河。澜沧江—湄公河流经中国、缅甸、老挝、泰国、柬埔寨、越南六国，是六国进行友好交往，促进经济、商贸旅游发展的“黄金水道”。2001 年 6 月 26 日，中老缅泰四国在澜沧江—湄公河 800 多千米的航道上实现自由通航。中方出口货物主要为寒温带水果、冷藏蔬菜、农副产品、牲畜、花卉等。进口主要有热带水果、饮料、棕榈油等。然而，这条航线也常有抢劫及劫持人质事件。自 2008 年以来，前后接到过湄公河流域中国船员报案 28 起，16 名中国人被杀，6 人重伤，但由于事发境外，一直没有破案。

2011年10月5日上午9时中国籍船只“华平号”和缅甸籍船只“玉兴8号”在湄公河流域被两艘不明身份的武装快艇劫持。与被劫船只一起的还有“华鑫6号”，但由于位置靠后，未被拦截。“华鑫6号”船员证实，看到有七到八名武装匪徒登上两艘船后挟船离去，随后便与其失去联系。

10月5日中午12时，“玉兴8号”船长突然用紧急广播呼叫，船长只说了四句话：“我现在在吊车码头！马上叫救护车！马上报警！有人受伤了！”之后就没有了消息。事发后，通过缅甸境内的报关员证实，当天中午11点左右，在离被劫持地点5千米的地方，报关员看到两条快艇押着两条运输船通过，但没看到船上是由什么人驾驶。报关员通过无线电与运输船联系，但没有得到回应。

10月5日下午1时30分泰国军方接到毒品走私入境线索，遂加强巡逻和检查力度。警方的巡逻艇5日在清闲镇的湄公河上，发现事发船只，船上装的货物是水果，与普通货船无异，但货物旁有人在看守，样子却不像是水手。警方遂示意货船停船接受检查。两艘货船并未停下，反而加速逃跑，之后军方与船上五名武装人员交火，武装人员中一名被击毙，其余逃离。

10月5日下午2时左右，“玉兴8号”船舶业务员从泰国警方了解到：“华平号”和“玉兴8号”船停靠在金三角吊车码头，两艘船上已没有船员。“玉兴8号”船上有一具尸体，尸体已面目全非，难以辨认，尸体旁放有枪支。“玉兴8号”的驾驶室到处血迹，有多处弹孔，两艘船上共搜出八九十万颗毒品麻黄素，两艘船上的船员去向不明。

10月7日，在泰国清盛码头先后发现了两具遗体，经证实为“华平号”船长黄勇和“玉兴8号”船长杨德毅的儿子。其中一人遗体双手被手铐铐住，头、腹部中弹两枪死亡。另外一个人的眼睛、嘴巴被胶带封住，颈部有致命刀伤，胸腹部中弹死亡。10 月 8 日，泰国警方从湄公河打捞起九具中国船员遗体，另有两人下落不明。打捞出来的遗体双手被手铐铐住，头上缠满胶带，背上有无数的枪眼。

10 月 10 日，泰国清莱府清盛县县长色萨·西讪在接受新华社电话采访时说：在湄公河遭袭的两艘货船上 13 名中国船员全部遇难，搜救人员当天早些时候在清莱府清孔县境内湄公河水域发现一具中国船员遗体。很快，由云南省外事、公安、交通、民政等部门组成的工作组抵达事件发生地泰国清盛县开展工作。经工作组最终确认，遇难中国船员总数为 13 名，其中一人失踪。

10 月 13 日，在湄公河金三角水域遭袭遇难船员的 29 名家属代表离开云南省西双版纳傣族自治州景洪市从中国磨憨口岸出境，前往泰国清盛县辨认遇难亲人遗体并在事发地湄公河边举行追思会吊唁死难者。10 月 16 日上午，由云南省外事、公安、交通、民政等部门组成的工作组与泰国方面开始对遇袭船只进行首次共同现场勘查。下午，中国政府联合工作组在泰国清莱府与泰国警察副总监班西里·巴帕瓦举行会谈。10 月 23 日，受国务院委托，时任国务委员、公安部部长孟建柱在云南西双版纳召开会议，专题研究处理“10·5”案件有关事宜，并提出建立中老缅泰四国维护澜沧江—湄公河国际航运安全执法合作机构。

10 月 24 日，中国派出以时任公安部副部长张新枫为团长的高级代表团赶赴泰国，了解相关案情，督促泰方尽快破案。10 月 28 日，警方锁定九名嫌疑人。嫌疑人是隶属于泰国第三军区“帕莽”军营的九名士兵。10 月 29 日，时任国务院总理温家宝与泰国总理英拉通电话，要求泰方加紧审理，依法严惩凶手，并希望中老缅泰协商建立联合执法安全合作机制，共同维护湄公河航运秩序。31 日，中国、老挝、缅甸、泰国四国在北京举行会谈，通过《湄公河流域执法安全合作协议》。该机制的建立为协作侦办专案奠定重要基础。

二、湄公河行动

2011年11月3日，公安部、云南省公安厅、西双版纳州公安局以及中国国内相关执法部门组成了“10·5”案件联合专案组。时任公安部禁毒局局长刘跃进任组长，抽调200余名干警全力破案。经过大量的调查摸排查，专案组判明两艘中国商船是在湄公河孟喜岛附近河段被非法武装力量劫持的。现场发现的毒品、枪支，极可能为栽赃陷害。结合2008年以来发生在湄公河上的28起针对中国公民的劫持伤害案，经过大量分析和研判，专案组把“金三角”地区特大武装贩毒集团糯康组织纳入视线。

为调查糯康集团的犯罪证据，警方专门成立了证据组，对糯康犯罪集团从成立、发展、组织结构、成员及从事的犯罪活动、控制的区域，以及组织策划“10·5”案件的整个环节和过程，进行证据梳理。在老挝，为核实一个犯罪嫌疑人的身份，就需要十天。专案组通过地方警务合作机制与泰国进行证据交换，获取泰方现场勘验报告、尸检报告等证据材料17份、480余页和200余张照片。同时，中方也向其他国家提供600多页的证据材料，撰写了97万字的审核报告。

此时，最为重要的工作，便是对糯康等犯罪嫌疑人实施抓捕。糯康在“金三角”横行多年，非常狡猾。他很少在公众面前露面，甚至都不当着手下人的面打电话，很多人也只闻其名未见其人。“10·5”案件后，糯康不敢继续待在原先位于缅甸大其力县散布岛的指挥部，而是在缅甸、老挝、泰国之间来回流窜。此时，谁也不确定他究竟藏在哪里。

专案组面临的是一场异常艰难的耐力战。从毫无线索到锁定糯康，从一次次扑空到最终让糯康集团重要人物相继归案，这场战斗赢得并不容易。据时任专案组组长、前线总指挥、公安部禁毒局局长刘跃进介绍，糯康是在逃跑途中被抓获的。抓住糯康费尽周折，曾有那么几次机会，专案组知道了糯康的位置，抓捕时却因有人事先通风报信，使其逃脱。糯康为了在当地生存发展，获得当地居民的支持，经常拿钱出来贿赂当地的基层军人、警察和“村干部”，与当地的老百姓称兄道弟，获得他们的庇护。

2011 年 12 月 6 日，专案组发现糯康藏身在老挝波乔省的希拉米村。专案组紧急协调老挝军警将村庄包围，不料却遭村民阻挠。此后，专案组调整了策略，不再将目光放在一次次抓捕上，而是挤压糯康在本地的生存空间。相关情报显示，“10・5”案件后，糯康基本上龟缩在缅甸的大本营。为了将其赶出来，中国督促缅甸方面，对糯康所在的地方展开一次次清剿，目的不再只是一次把糯康抓获，而是要将其赶出大本营。事实证明，这个策略是非常正确和重要的。

2012 年 4 月 28 日，糯康和两名手下乘船从缅甸方面赶往老挝，试图与老挝方面的人联系商谈如何躲避抓捕。得到消息的中老警方在老挝设下天罗地网，糯康刚在老挝博乔省的码头下船，就被警察发现。三人看到警察便拼命逃跑，警察鸣枪示警后，最终将三人抓获。随着糯康等人的落网，糯康团伙分崩离析。专案组乘胜追击，陆续抓捕一批参与“10・5”案件劫船杀人的团伙成员。同时，另一主要犯罪嫌疑人、糯康团伙四号人物翁蔑与五六十个团伙成员先后向缅甸政府投降。

“10・5”案件主犯糯康等在老挝落网之后，泰国和缅甸分别以“案件发生的湄公河域段属于泰国境内”以及“糯康的国籍是缅甸”等为由提出了对其引渡的要求。在中老缅泰四国刑事管辖权交叉的情况下，引渡的关键在于考量国家间的关系进行的政治协商。政治因素在糯康引渡以及建立湄公河联合巡逻执法问题上起着关键作用。2012 年 7 月 9 日，中共中央政法委员会书记、中国公安部部长孟建柱在老挝万象会见老挝人民革命党总书记、国家主席朱马里。孟建柱说，老方向中方移交糯康，充分体现了中老两国兄弟般的战略互信。同日，孟建柱会见老挝公安部部长通班时说，中老两国是好邻居、好朋友、好同志、好伙伴，包括执法安全在内的各领域合作持续深化。中方感谢老方做出政治决断，坚定支持中方倡导建立中老缅泰湄公河流域执法安全合作机制，大力配合中方打击糯康武装贩毒集团并将糯康移交中方，这充分体现了中老两党、两国的深厚情意。

2012 年 7 月初，中共中央政法委员会书记、中国公安部部长孟建柱访问缅甸时分别会见了缅甸总统吴登盛、联邦议会人民院议长吴瑞曼、国防军总司令敏昂莱和内政部部长郭哥。孟建柱表示，近期中缅老泰四国湄公河执法安全合作取得积极成效，在缅方及相关国家共同努力下，成功抓获特大武装贩毒集团首要犯罪嫌疑人糯康，有力地维护了湄公河航运安全和沿岸地区正常生活生产秩序。希望缅方继续支持湄公河执法安全合作，继续清剿糯康武装贩毒集团残余势力，并共同做好案件的侦审工作。缅方表示，缅方高度重视与中方的执法安全合作，愿与中方保持密切沟通，推动双边执法安全合作向前迈进。8 月 28 日，糯康犯罪集团骨干和“10·5”案件主要涉案人员——缅甸公民翁蔑在缅甸景栋被移交给中国警方。根据缅甸法律，他将被临时引渡到中国以协助中方调查湄公河惨案。

2011 年 10 月 30 日，中国国务院总理温家宝打电话给泰国总理英拉。温家宝要求泰方加紧审理此案，依法严惩凶手，希望中泰老缅四国协商建立联合执法安全合作机制，共同维护湄公河航运秩序。英拉表示，泰方愿同中国等有关国家加强合作，确保湄公河航运安全。

三、伸张正义

2012年5月10日，经过多方沟通，老挝方面将糯康移交中方。糯康虽然被抓获，但他一直在逃避责任，负隅顽抗。此人非常狡猾，在审讯时，他经常装疯卖傻，甚至装死。2012年8月12日，昆明市检察院对“10·5”湄公河惨案的糯康、桑康·乍萨、依莱、扎西卡、扎波、扎拖波6名被告人分别以故意杀人罪、运输毒品罪、绑架罪、劫持船只罪依法向昆明市中级人民法院提起公诉。

2012年9月20日上午9时30分，昆明市中级人民法院公开开庭审理“10·5”湄公河惨案。根据昆明市检察院的指控，6名“金三角”地区特大武装贩毒集团成员涉嫌故意杀人、运输毒品、绑架、劫持船只等罪名。根据相关司法协定，泰国、老挝13名证人出庭做证，证实了糯康犯罪集团的相关犯罪事实。糯康等6名被告人表示认罪。法庭采取现场翻译与同声传译相结合的方式，保障糯康等相关人员在庭审中使用其通晓的语言参与诉讼。11月6日，昆明市中级人民法院以故意杀人罪、运输毒品罪、绑架罪、劫持船只罪数罪并罚，判处糯康、桑康·乍萨、依莱死刑；以故意杀人罪、绑架罪、劫持船只罪数罪并罚，判处扎西卡死刑，判处扎波死刑，缓期两年执行；以劫持船只罪判处扎拖波有期徒刑八年。此外，法庭判决，糯康等6名被告人，连带赔偿各附带民事诉讼原告人共计人民币600万元。庭审中，糯康多次表示，愿意以3000万泰铢的个人财产赔偿受害船员家属，以请求船员家属和中国政府的从宽处理。

2012年12月20日，云南省高级法院对湄公河中国船员遇害案进行二审公开开庭审理。2012年12月26日，云南省高级法院对湄公河中国船员遇害案进行二审宣判，即对糯康等6名上诉人故意杀人、运输毒品、绑架、劫持船只案的上诉做出裁定：驳回上诉，维持对糯康、桑康·乍萨、依莱、扎西卡的死刑判决，维持并核准对扎波死刑、缓期两年执行的判决，维持对扎拖波有期徒刑八年的判决。

糯康受审画面

2013年2月24日，昆明中院到看守所向糯康等四人送达了最高法院的死刑复核裁定书。依照相关规定，昆明中院当日通知了泰国、缅甸的驻昆明总领事馆。据时任云南省公安厅监管总队副总队长、云南省看守所所长陆永昌介绍，当糯康刚知道自己的死刑复核裁定时，情绪呈现明显波动，血压一度升高，情绪不稳定，显得紧张、焦虑。他希望宽恕的愿望很强烈，也多次向管教民警提出，希望给他改过的机会。昆明中院的法官杨晓萍说，法官向糯康宣读死刑复核裁定后，糯康仍然说，他进行了赔偿，有认罪表现，希望中国政府能够宽大处理。当法官向他解释这已是最终裁定后，他提出，自己有十个子女，希望见见他们，但记不清楚他们的电话号码。当桑康等几名罪犯知道结果已经无法改变后，写了遗书，留下了遗物，有的会见了家属。而糯康则相反，并没有写下遗书，也未委托民警转达只言片语。2013 年 3 月 1 日，糯康等四名罪犯在昆明市被依法执行死刑。

2019 年 8 月 23 日 12 时 10 分，中方两艘执法艇顺利返航靠泊中国关累港。至此，为期四天三夜的第 85 次中老缅泰湄公河联合巡逻执法行动圆满完成。此次行动采取分段巡逻与全线联合巡航相结合的方式开展，由中国、老挝、缅甸、泰国分别派员参加，四方共派出执法人员 140 余名、执法船艇七艘。执法编队在老挝班相果、孟莫及金三角等重点水域联合开展水陆联合公开查缉、联合走访、禁毒宣传等活动。

自 2011 年 12 月 10 日，四国联合开展执法行动至今已有十年时间。十年间，四方的联合巡逻派出执法船艇 700 余艘，总航程六万多千米，救助遇险商船 100 多艘，为数千艘中外船舶护航，有力维护了“黄金水道”的安全稳定。昔日的死亡航道，如今已成为国际执法安全合作的典范。

第十一章　西班牙烧鞋事件

北京时间2004年9月17日，西班牙阿里坎特省埃尔切市发生了一起针对当地华商的示威抗议活动。近百名当地人聚集在该市工业区内，呼喊反对中国鞋商的口号，焚烧一家华商仓库和停放在仓库外的一集装箱鞋子，造成经济损失近千万元。同时，该市中国鞋城的50多位温州鞋商和鞋城仓库内价值十几亿元的温州鞋，也遭受了前所未有的威胁。

一、事件经过

距马德里约420千米的埃尔切是西班牙巴伦西亚自治区第三大城市，人口20万，素有“欧洲第一鞋城”的美誉。据介绍，埃尔切市的中国鞋城，是当地一个非常著名的鞋类批发市场，目前已有30多年的经营历史。鞋城开办之初采用的是“前店后厂”的经营模式，汇集在那里的五六十家鞋店，直接或间接地经销温州鞋，也是温州鞋走向欧洲市场的一个最重要集散地。

温州鞋款式新颖、做工精良、价格实惠，在西班牙市场的销路一直很好。温州鞋之所以力压欧洲鞋，主要优势在于价格，欧洲鞋平均价格是温州鞋的3到8倍。一双不错的中国鞋用轮船装运到西班牙后只卖4

欧元，而西班牙生产的鞋最低价也要8欧元。据当地媒体报道，仅2003年西班牙就从中国进口鞋子6190万双，占其鞋类进口总额的47%，价值高达2.2亿欧元。

一位鞋店老板在国内时是位教师，到西班牙后开了一段时间饭店。由于手艺一般，饭店生意不怎么样。后来看到温州鞋在当地生意很好，便关了饭店开起鞋店。哪知鞋店一开，生意好得不得了，一年间竟连开了五家专卖温州鞋的鞋店。像这位开不成“饭店”却开好鞋店的西班牙华人，现在已不在少数。

物美价廉的中国鞋大量涌入，对埃尔切的制鞋业造成强大冲击。一部分规模较小、技术落后的鞋厂由于缺乏竞争力纷纷倒闭。近30年来，该市制鞋工人失业率增长了30%。华商的经营习惯也与西班牙不同。西班牙人商业竞争意识弱，他们信奉“挣钱为了生活”。在这里，再成熟的商圈，下午两点到四点半都是歇业状态，周末也只开门半天。马德里曾经举行过商社主游行，抗议华人商社在中午和周末营业。

2004年9月14日下午，西班牙埃尔切城内贴上了许多煽动游行示威的大标语：“埃尔切市民们，让我们团结起来，把埃尔切所有亚洲鞋都赶出去，把运送亚洲鞋子的集装箱全部烧光!”9月16日晚7时多(北京时间9月17日凌晨)，示威抗议活动开始。近千名当地鞋商和鞋厂工人，未经当地政府批准却“有组织”地聚集在该市的中国鞋城内，号召当地人“把进入这个城市里的所有鞋子烧掉”。500多人的示威行列中有人高叫“中国人滚出去”的口号。他们看到青田鞋商陈九松的仓库外停着一辆满载温州鞋集装箱的卡车后，放火烧掉了装有鞋子的卡车和陈九松的店面、仓库。被烧毁的温州鞋共有16个集装箱，造成经济损失约800万元。

西班牙骚乱者焚烧温州鞋

“烧鞋事件”发生后，西班牙埃菲社在报道该纵火事件的原因时称：“最近几天，西班牙当地贴出匿名广告，声称由于中国等亚洲鞋子的竞争，当地鞋厂正在遭遇‘鞋子危机’。”对于这一说法，温州鞋业界人士并不完全认同。他们认为，西班牙“烧鞋事件”其实是对中国产品的恶意毁坏和抵制行为。如果这一事件不能尽快地得到妥善处理，不但会严重影响中国人在当地的人身财产安全，危及中国产品今后出口西班牙等欧洲市场，而且会严重伤害在外中国人的社会政治地位，伤害中国人民的民族自尊心。他们说，西班牙埃尔切市的制鞋工业早已好景不再，当地约有一半的制鞋作坊已经关闭。剩下的，有二三十工人的鞋厂都已算中等规模。无论产品款式，设计制作，还是生产成本，本土鞋根本没办法和温州鞋同台竞争。

舆论分析认为，这次事件很可能是埃尔切的西班牙人鞋厂业主策划的。有人此前曾公开指责华人鞋商抢夺了他们的饭碗，并声称如果政府对中国鞋进入本国市场不加以限制，他们就将自行采取行动。也有新闻说，这些纵火的工人是受到西班牙商人的煽动才焚烧中国鞋仓库的，开始的纵火和游行可能受到极右派“长枪党”的指使。

林达夫是温州金博鞋业资历最老的员工，当年 65 岁，从事鞋类行业已经有 20 多年时间了，管理着这个有 300 多人、年产值 1000 万元以上的鞋厂，连公司老板都尊称他为“老师傅”。在他看来，西班牙发生的烧鞋事件在预料之中，当时接受采访时他说：“我去年在西班牙考察，当时就发现温州鞋在那边势头很好，已经占领 80% 以上的市场了，当地鞋和我们比根本没有竞争力，根据以往的经验，我预感迟早要出事。”

二、紧急救助

事件发生后，中国大使馆为此专门成立了紧急应对处理小组，并派遣领事部和经商处负责人驱车前往事发现场，听取受害人对有关情况的详细介绍，对他们表示亲切慰问。中国驻西班牙使馆派员组成处理小组赶赴埃尔切市，与当地警方进行交涉。当地警方 9 月 17 日当晚已拘捕了十名肇事者。西班牙华人企业联合会的侨领从马德里赶往埃尔切，并组织广大侨胞救助受害华商。每位中国鞋店业主都主动捐献了 1000 欧元。

埃尔切的大火虽然已经熄灭，事情却依然没有结束。价值十多亿元的温州鞋正遭受着前所未有的被焚烧的威胁。9 月 20 日晚上，主要为温州人的 50 多位中国鞋城鞋商，为防止不法分子烧鞋，开来 50 多辆汽车保卫该鞋城。他们还碰上参与“烧鞋事件”的团伙成员前来骚扰，当场逮住一人。肇事者当晚在警察局招供说，目前埃尔切“烧鞋团伙”正在赶制汽油弹，准备进一步“对付”中国鞋城，把中国鞋赶出埃尔切。饱受“烧鞋事件”折磨的50多位中国鞋商，9月21日上午又开来了几十辆推土机和汽车，保卫自己和在鞋城的鞋子。

9月23日，埃尔切市再次爆发数百人参加的针对华商的游行示威活动，由于西班牙政府和警方高度重视，事先严密部署，游行中没有发生暴力行为。当天，外交部部长助理沈国放紧急约见西班牙驻华大使，就该事件提出严正交涉，要求西班牙方面尽快查清案情，严惩肇事者，并调查事件是否有更深层次的背景；采取切实有效的防范措施，保障在西班牙全境，特别是事发地中国公民的生命和财产安全；尽快恢复当地秩序，赔偿华商损失，保障在西中国公民正常的商贸活动，并避免类似事件的再次发生。

针对“烧鞋事件”，温州市鞋革行业协会和中国皮革协会也通过发表声明和致函我外交部、商务部、中国轻工联合会和中国驻西班牙使领馆等方式，表达了对上述事件的强烈关注。他们呼吁我国政府及有关部门对“9·17”西班牙埃尔切事件高度重视，希望通过有关部门要求西班牙当地政府和警方严惩肇事者，对受害华商赔偿损失，切实保障华商的合法权益和生命财产安全，避免此类事件再次发生。

埃尔切当地鞋业工人的激进行为，不仅引起了西班牙政府的强烈不满，而且遭到西班牙全国总工会的反对。鉴于埃尔切工人烧毁中国人仓库等行为已经远远超出了一般罢工的范畴，因此西班牙全国总工会决定对埃尔切的制鞋工人进行集体制裁。巴黎出版的《欧洲时报》表示：“我们和旅欧各国的侨胞一道，强烈谴责这一侵犯华商合法权益的暴行。事态如何发展，我们将密切关注，并竭尽全力，坚决维护海外华侨华人的尊严和权益。”伦敦出版的《星岛日报》对中国外交部介入事件的处理进行了大篇幅的报道。

三、诉讼获胜

西班牙中国律师事务所主任季奕鸿

“烧鞋事件”发生后，我国驻西班牙大使馆大使邱小琪邀请季奕鸿出面为华商提供法律援助。季奕鸿1970年10月生于温州鹿城，1987年出国，西班牙瓦伦西亚大学法学系毕业，法学硕士。1999年获得大陆华人在西班牙的第一个律师执业资格，在马德里成立并主持西班牙第一家大陆华人律师事务所——中国律师事务所。他还担任中国驻西班牙大使馆法律顾问、中国侨联法律顾问委员会委员、西班牙最高警察学院刑法客座教授等职。在接到邀请后，季奕鸿毫不犹豫地接下了这起案子。

2004年9月29日，事件中受损最严重的陈九松，在季奕鸿的陪同下来到埃尔切地方法院，递交一纸诉状。这个被法院定性为“特大型”的案件，审理难度大、涉案人员多。陈九松不懂当地语言，对案件胜诉也没有信心，甚至还承担不起律师费。除季奕鸿外，没有哪个律师愿意为原告辩护。温州鞋革协会派出专人去埃尔切市，帮助处理维权事宜，埃尔切市60多位温商迅速筹资60多万元，帮助陈九松应对维权诉讼。

这个案件从2006年5月初审结束提出起诉，整整5年后才开庭。其间每个被告律师都对法院对这个案件立案起诉表示不服，提出上诉，同时还向高一级法院提起上诉，这些程序一直到2010年年底才结束。

2011 年 5 月 3 日，法院开庭做出终审判决。300 多张现场照片、长达 200 个小时的电话录音和 150 个的法庭提问，28 名被告最终全部认罪。法庭上，连法官也由衷赞叹："只有你们中国人才会做这么细致的活!"判决后，28 名西班牙籍被告因扰乱公共秩序罪和损坏他人财产罪，分别被判处 6 个月至 18 个月有期徒刑，并赔偿陈九松经济损失 2.6 万欧元。法官还宣布，这是最终判决，不可再上诉。

作为原告，陈九松历时七年维权，终于获胜。消息传开，温州鞋业相关人士，各有感慨。季奕鸿说，这是我国海外华侨华人大型维权诉讼案件的一个重要胜利，树立了一个海外华侨华人法律维权的典范。这一胜诉将为华商营造一个较好的经营环境，使国外不法分子不敢轻易侵犯我华侨华人的利益。欧洲主流华文媒体如此评价道："这是海外华人大型维权诉讼案件的一个重要胜利，也是'温州力量'海外维权全胜的经典案例。"

第十二章　章莹颖案件

章莹颖，中国女性公民，2013 年本科毕业于中山大学，2016 年硕士毕业于北京大学。2016 年至 2017 年，章莹颖在中国科学院客座学习。2017 年 4 月，章莹颖前往伊利诺伊大学厄巴纳—香槟分校交流学习，6 月 9 日，章莹颖在伊利诺伊大学厄巴纳—香槟分校失踪。

一、案件经过

章莹颖照片

2017 年 4 月，章莹颖赴美国伊利诺伊大学厄巴纳—香槟分校的自然资源和环境科学学院做访问学者。6 月 9 日当天为星期五。章莹颖早上 8 时 30 分前往位于伊利诺伊大学的特纳大厅做实验。大约下午 1 时 35 分，她在果园丘陵站上了一辆厄巴纳市的公交车，此行是去和租房管理人员签订租房合同。1 时 52 分，章莹颖在斯普林菲尔德大街和马修大道的交会处下了公交车。坐车期间，章莹颖还给位于伊利诺伊州厄巴纳市租房机构管理人员发出了一条短信，说自己会迟到10分钟左右，于是两人最终约定见面时间为2时10分。下了公交车之后，章莹颖开始沿着北古德温大道向北走，走到了西克拉克大街和北古德温大街的交会处的一个公交停靠点。下午2时38分左右，此前章莹颖联系的房屋管理人员向章莹颖手机发送了一条短信，但是这条短信并没有收到回应。晚上9时24分左右，一名伊利诺伊大学的副教授向伊利诺伊警方报告了章莹颖失踪。

警方很快就搜查了章莹颖所住的公寓，但是并没有发现她的踪迹。之后查看监控视频。视频显示，下午2时3分，一辆黑色土星阿斯特拉在章莹颖面前停下，她和司机交谈了1分钟左右，就拉开了车门坐上了副驾驶。涉案车辆已被确认是一辆“土星阿斯特拉”轿车。该车在美国2008年至2009年有销售，在伊利诺伊以外的州装配制造。6月12日，警方在伊利诺伊香槟市斯普林菲尔德大街2503号公寓前，找到了一辆和可疑车辆特征相符的黑色土星阿斯特拉，这辆车的登记车主是克里斯滕森。

乍一看克里斯滕森的简历，没有人会把他和杀人犯联系在一起。他是伊利诺伊大学厄巴纳—香槟分校物理系的在读博士生，从2013年起就担任助教工作，而且在2013年秋天、2014年春天、2015年秋天这三个所任教的学年都名列“优秀助教”行列。他所居住的公寓距离章莹颖失踪的地点，不过10分钟的路程而已。

当时克里斯滕森否认了自己见过章莹颖，说自己6月9日一整天都在公寓里睡觉和打游戏。

但是经过检查，克里斯滕森的车前排副驾驶轮毂罩处有破损，与监控视频中涉案车辆的信息完全吻合，确认了克里斯滕森的车就是涉案车辆。6 月 15 日，当警方再一次询问克里斯滕森时，他松口说自己曾经见到过一个背着双肩包的亚裔女性，表情非常焦急。于是他停下车和那位女性交谈，得知对方有个预约要迟到了，就表示愿意载她一段，那位女性上了车后，试图用手机地图告诉他自己要去的地方，但是克里斯滕森开错了路。因为很着急，所以几个街区之后，那位女性就下车了。但是很快，克里斯滕森的谎言就被戳破了。

先是警方在对他的通信设备进行检查时，发现他曾经在 4 月访问了一个关于绑架的论坛，并且搜索了诸如“绑架”“完美的绑架”“如何计划一次绑架”这样的关键词。随后，在那辆涉案车辆上也发现了，车座的副驾驶座有被精心清理过的痕迹，当时章莹颖上车时坐的也是副驾驶。决定性证据是克里斯滕森的女友，在她的协助下，警方监听到了克里斯滕森提到自己绑架并杀害了章莹颖。6 月 30 日，警方逮捕了克里斯滕森，两天后，美国联邦大陪审团向法院起诉绑架中国访问学者的犯罪嫌疑人布伦特·克里斯滕森。

二、章莹颖事件中的中国力量

章莹颖失踪后，中国国内民众以及美国当地中国学生、华侨华人也高度关注这起案件。中国驻芝加哥总领馆接到消息后第一时间与当地警方、章莹颖的老师和同学以及当地中国学生团体取得联系，并就家属申办赴美签证提供协助。驻芝加哥总领馆启动了领事保护紧急预案。7 月 1 日上午，中国驻芝加哥总领事洪磊赶赴伊利诺伊州香槟市，看望章莹颖的家属，表示凶犯的行径令人发指。

据当地前华人协会主席刘云川透露，章莹颖失联后几个小时师友便选择了报警，但美国警方并没有足够重视，仅派了一名警员跟进，并表示“每天失踪人口很多，可能很快自己就回来了”。直到章莹颖失踪 24

小时后，随着华人团体的施压和国内外媒体的关注，章莹颖失联才逐渐被警方和学校重视，并逐步升级为国际事件。美国执法机关在办理章莹颖案时启动了最高级别的司法程序——由联邦调查局即 FBI 配合联邦检察官进行调查，由联邦法院进行审判。

外交部发言人耿爽在 2017 年 7 月 4 日主持的例行记者会上，就章莹颖案件评述道："我们一直在密切关注事态发展，也注意到昨天有关庭审情况。我们对这一不幸事件深感震惊和痛惜，对凶犯的残忍行径表示强烈愤慨和谴责，向章莹颖的家人表示深切慰问。""中国政府高度重视维护海外中国公民的安全与合法权益。中国外交部和驻美使领馆将继续跟进事件进展，与美方保持密切沟通，并协调美警方加紧全力搜寻和调查。我们敦促美司法部门依法公正审理此案，将凶手绳之以法，使正义得到伸张。我们将继续为章莹颖的家属在美处理相关事务提供协助。"

2017 年 7 月 14 日，刘军代总领事再赴章莹颖案发所在的伊利诺伊州香槟市，分别会见联邦检察官汉森、警察局副局长迈里克和伊利诺伊大学香槟分校副校长卡勒，并看望家属。刘军代总领事表示，章莹颖案发生后，总领馆一直高度重视，与有关方面密切沟通。此案人命关天，犯罪行为残暴，引起中美两国媒体高度关注。目前，该案已发生一个多月，家属无时无刻不在忍受煎熬，企盼能找到莹颖下落并带她回家。我们希望警方能够想家属之所想，急家属之所急，全力调动各种资源，打破常规，特事特办，进一步加大力度，加快侦破进程，尽早把人找到。7 月 20 日，此案将进入正式审理阶段，我们希望司法部门能够公正审判，将罪犯绳之以法，使正义得到伸张。

刘军代总领事感谢校方师生、中国学联会以及当地热心人士等为寻找章莹颖付出的巨大努力和心血，感谢他们对家属在美生活给予的悉心照料。刘军代总领事再次看望家属，向他们转达了各界人士的慰问，了解他们的生活，听取他们的诉求，希望他们继续保持坚强、保重身体。当天，刘军代总领事还参加了学校和当地“防止犯罪”组织举行的新闻发布会，家属在会上宣布将悬赏金额提高至 5 万美元，希望社会力量能够积极提供线索，争取早日找到章莹颖。

林宇辉，是山东省公安厅刑事侦查局物证鉴定中心高级工程师、国际刑事科学法庭画像专家。6 月 17 日，美国警方将监控视频传给林宇辉，林本人也觉得此番难度颇大。因为摄像头距离疑犯车辆太远、画面实在太模糊，且车窗还是摇上去的，猛一看，连车里是否有人都很难判断。面对前所未有的挑战，林宇辉和视频专家连续奋战两天，一帧一帧查看几千幅图片。完成画面分析后，林宇辉马上着手绘制。画像完成后转交给美国警方，对方的反应除了震惊还是震惊：“质量这么差的视频，竟然还真画出人像来了！”更令人不可思议的是，后来逮捕的犯罪嫌疑人的长相与这张画像惊人相似。

律师王志东和章莹颖父亲

王志东为旅美律师，中国侨联海外法律顾问。当国务院侨办领导联系他担任章莹颖案件的辩护律师的时候，王志东以为这一次和往常一样，自己遇到的也是一件“司空见惯的事”。抱着这样的心态，王志东接手了章莹颖案。6 月 17 日，章莹颖的父亲、小姨和男友侯霄霖抵达芝加哥，王志东律师到机场与其会面，“告诉他们法律方面的注意事项”。之后，他与章莹颖家人共同经历了两年多的困难时光。

三、审判与结局

克里斯滕森绑架并残害章莹颖一案，由美国伊利诺伊州中部地域联邦法院审理。把克里斯滕森押上审判台的过程，堪称艰难。

在侦查阶段，FBI 虽然找到了章莹颖上了克里斯滕森所驾车辆的录像、在他的住处提取到了章莹颖的血液等证据，但是，他们曾面临两大障碍——克里斯滕森“零口供”，章莹颖的遗体下落不明。他们必须建立一条完整的证据链，检方才能起诉。“在这样一种条件下，把证据链建立起来实属不易。通过很多证据，最后才把这个圈画圆了。”王志东在案件尘埃落定后接受《法律与生活》采访时依然感慨不已。

2018 年 1 月 19 日，美国伊利诺伊州联邦检察官办公室发布公告，传达了这样的信息：“司法部部长塞申斯批准了检察机关对克里斯滕森以死刑罪起诉的申请。”追加了谋杀这项罪名，意味着对证据的要求更高了。在证据链的“圆圈”一点儿一点儿闭合的过程中，王志东的注意力一直为之牵引。2019 年 2 月 13 日这天，他在转发一条与证据有关的报道时，相关评论就是“证据链正在形成”这几个字。

每当有一些“动静”，饱受煎熬的章莹颖家人都以为案件很快会开庭。事实却是，开庭时间一拖再拖。后来，案件终于被确定在 2019 年 4 月开庭，但辩方又以他们的心理专家“不能参加这个时间的庭审”为由，要求将开庭时间延迟到7月。由于检察官不同意辩方的意见，法官折中处理，把开庭时间定在2019年6月。就这样，案件拖到章莹颖失踪整整两年时才开庭。

按照美国的法律规定，对克里斯滕森的审判需经过遴选陪审团成员、定罪、量刑三个阶段。为了亲眼看到杀人凶手被绳之以法，章莹颖的家人于2019年5月23日到达美国。2019年6月3日，章莹颖被害案开庭并进入定罪审理阶段。这一阶段的重要工作，是检方和辩方进行开案陈词及检方展示证据。这期间，王志东陪同章莹颖的家人一起出庭。

定罪审判第三天，章莹颖被害案最关键的证据——克里斯滕森对他的前女友说自己绑架并杀害了章莹颖的录音呈现。最终，克里斯滕森在2019年6月24日这天被法庭判定有罪。这一天的庭审结束后，王志东与章莹颖家人分手，起程回芝加哥。车启动不久，王志东积蓄已久的情绪爆发，无法抑制地在车上大哭了一场。在克里斯滕森被抓后，到底能不能定罪这件事，一直悬在空中。在凶手终于被定罪后，受害者家人和为之奔忙了两年多时间的王志东总算得到一个确定的结果。

定罪之后，庭审进入量刑程序。在定罪阶段，12名陪审团成员按照本案适用的法律，一致认定克里斯滕森有罪。在量刑阶段，对克里斯滕森所涉绑架致人死亡罪的刑罚，有终身监禁和死刑两种可能性。根据美国联邦法律的规定，必须在12名陪审团成员一致认为应该判处死刑时，才能对凶手做出死刑判决，否则只能对其处以终身监禁。最终，因12名陪审团成员中少数人不同意判处克里斯滕森死刑，其侥幸地获得了终身监禁的判罚。

终身监禁的判决结果，对章莹颖家人来说，意味着对亲人报仇雪恨的愿望没有达成，意味着难以言说的痛。但是，透过章莹颖父亲在案件判决后的发言，他们展现在世界面前的是尊重法律、克制愤怒的良好形象。这一切，与王志东所做的工作密不可分。无论是在撰写那份发言稿时表达对办案各方特别是克里斯滕森前女友作为证人的感谢，还是在接受判决结果的解释方面，王志东的工作都细致入微。

第四编 04

走向复兴

本编序

华侨爱国主义的形成，一方面是华侨秉承中华民族的悠久历史文化传统，念念不忘炎黄子孙的责任，不忘血脉相连的父老乡亲；一方面是海外华侨通过亲身经历，痛感作为“海外孤儿”的艰辛和屈辱，深刻认识到自己的命运与祖国的命运是紧紧联系在一起的。只有祖国强大了，华侨才有靠山，才能挺起腰板，才能扬眉吐气。他们深知，一个孱弱的祖国是不能给他们提供有效保护的。正是有了深厚的爱国主义精神基础，海外华侨才不求回报地支持祖国。华人对于国家的贡献表现在方方面面，从体育、卫生到教育、文化，从改革、开放到社会、经济，几乎无所不在。

在新中国体育史上，华侨华人、港澳同胞无疑占有重要的历史地位。他们或者以运动员身份代表中国在国际大赛上勇夺冠军，奏响雄壮的国歌；或者作为教练员，为新中国培养了许多世界顶尖级运动员；或者作为单项运动的领头人，为中国体育培育了优势项目。改革开放后，华侨华人、港澳同胞一方面捐资兴建大批体育场馆，创造更好的训练比赛条件，另一方面充当中国体育事业坚强后盾，无论是在海外充当中国队的拉拉队，还是支持中国申奥、维护圣火传递，华侨华人、港澳同胞都义无反顾冲锋在前，表现出炽热的赤子之心。

华侨华人是中国改革开放的独特力量。中国领导人曾指出，“中国改革开放事业取得伟大成就，广大华侨华人功不可没”。据国务院侨办向中新社公布的数据，截至2006年，中国利用外商直接投资中60%以上来自华侨华人、港澳同胞，投资总额达3300亿美元。改革开放以来，全国新华侨每年至少能寄回家乡1000亿美元。海外侨胞、港澳同胞支持、捐助中国国内公益事业总额超过900亿元人民币，用于教育、扶贫救济、救灾、卫生等多个领域。英东楼、邱地拔体育馆、田家炳中学、汕头大学等等各地无数的场馆、建筑记述着华人的无私奉献。

中华人民共和国成立后，侨居国外和在国外学习的中国知识分子和留学生，一方面为中国革命的胜利欢欣鼓舞，另一方面也被即将展开的祖国建设事业所吸引。他们纷纷放弃国外优厚的生活待遇和工作条件，冲破境外新中国的敌对势力的重重阻挠，毅然回国效力。1950年前后，李四光、华罗庚、叶笃正、程开甲、谢希德、赵忠尧、王淦昌、邓稼先、钱学森等一批科学家和学者，先后回到祖国参加建设事业。到20世纪50年代末，回国科技人才达到2500名。他们为开拓和发展新中国的教育、科技和国防事业做出了卓越的贡献。

改革开放后，又一批著名学者回国效力，如杨振宁、李政道、陈省身、袁家骝、吴健雄、田长霖等。他们为中国的科技事业做出了巨大贡献。“海外高层次人才引进计划”“长江学者奖励计划”等项目鼓励海外学者回国。目前，海外华侨华人中有过百万的科技人才。自2001年至2017年，“华侨华人创业发展洽谈会”在湖北武汉共举办16届，共有来自海外60多个国家和地区的11000多位海外华侨华人专业人士和工商界人士与会，共签订引进人才和技术项目2500多个，2000余名海外华侨华人高层次人士回国（来华）创新创业。

第十三章　新中国的体育先锋队

中华人民共和国成立后，中华民族进入一个万象更新的新纪元。1949 年，中华全国体育总会正式成立。1952 年，毛泽东题词"发展体育运动，增强人民体质"，为新中国的体育事业定下了基调。在党和国家的重视下，新中国的体育事业很快就有计划有步骤地发展起来，这当中包含着华侨华人的巨大贡献。从 20 世纪 50 年代初到 60 年代中期，一大批优秀华侨体育选手放弃了侨居地优越的物质条件，纷纷选择回国效力，成为新中国国际竞技体育的急先锋。他们在全国和国际体育比赛中取得优异成绩，为祖国争得了荣誉。更重要的是，他们实际上是新中国开展现代竞技项目的基石，使一些项目在发展之初，就处在一个很高的水平上。

一、乒坛闯将

如今，乒乓球已成为中国的国球。在这个项目上，中国有绝对的优势。然而，这种成绩得益于一批华侨"闯将"，是他们为中国的乒乓球项目开疆拓土，赢得声誉。

容国团出生于香港，17 岁时便在香港乒乓球锦标赛上获得冠军，崭露头角。1956 年，战胜第 23 届世界乒乓球锦标赛新科状元荻村，声名大噪。他多次随香港工联会的俱乐部赴内地打访问比赛。1957 年 11 月，容国团在广东体委的争取下，返回内地，进入广州体育学院学习。1958 年，他被选入广东省乒乓球队，随即参加全国乒乓球锦标赛，获男子单打冠军。后入选国家集训队。1959 年 4 月，在联邦德国多特蒙德第 25 届世界乒乓球锦标赛上，容国团以 3∶1 战胜匈牙利名将多西，为中国夺得了第一个乒乓球男子单打世界冠军，也成为中华人民共和国第一个世界冠军获得者。比赛凯旋，贺龙副总理亲自到机场接机，毛泽东、周恩来多次接见，外宾来访，容国团更是被邀为座上宾。

容国团

1961 年，在北京举行的第 26 届世界乒乓球锦标赛上，容国团为中国队第一次夺得男子团体冠军做出了重要贡献。1964 年后，他开始担任中国乒乓球女队教练，在他的悉心指导下，女队员林慧卿、郑敏之等人进步神速，在技战术方面有了全面的提高。作为教练，他的辛勤指导在第 28 届世界乒乓球锦标赛上得到了回报，女队首次获得了团体冠军。国家体委为了表彰容国团对中国乒乓球运动所做的贡献，于 1961 年和 1964 年两次给他记特等功，并多次授予他荣誉奖章和奖状。

傅其芳，香港华侨。他因击败过多次获得世界冠军的英国人李奇和伯格曼而名声大噪。1953 年，他应贺龙之邀回国。傅其芳代表中国队参加了 1954 年在布达佩斯举行的世界大学生夏季运动会和 1957 年的斯德哥尔摩世界乒乓球锦标赛，均取得了不错的成绩。1960 年，傅其芳任国家队总教练。他慧眼识英才，大力提拔乒乓球好苗子。1961 年北京第 26 届世界乒乓球锦标赛上，中国队在决赛中以 5∶3 击败日本队，捧起了冠军奖杯，第一次把代表世界乒乓球运动最高奖项的斯韦思林杯收入囊中。1963 年的布拉格第 27 届世界乒乓球锦标赛上，中国队又以 5∶1 击败日本队拿下决赛。

林慧卿是新中国第一个世乒赛女子大满贯选手。她 1941 年出生于印度尼西亚的一个华人家庭，从小就喜欢乒乓球运动。1957 年、1958 年，她两夺全印度尼西亚女子单打冠军。1959 年初，林慧卿回到向往已久的祖国，考入上海体育学院学习，同时入选上海乒乓球队。1963 年，在第 27 届世乒赛中，林慧卿从预赛打起，并曾以 3∶0 战胜著名的日本选手关正子，爆了冷门。

1965 年，在容国团的带领下，中国女队战胜了曾六获世界冠军的日本女队，夺得第 28 届世界乒乓球锦标赛冠军，林慧卿是女子团体冠军中国队的主力之一。她还获得女子单打亚军，与郑敏之合作获女子双打冠军，与张燮林合作获混合双打亚军。第 32 届日本名古屋世乒赛，是中国继“文化大革命”之后首次重返世乒赛大舞台。鉴于当时国内混乱形势以及比赛地日本一些右翼势力的竭力阻挠，运动员们心理负担很重，在首先进行的女单团体决赛中负于日本。在压力面前，林慧卿调整状态，克服种种困难，一举夺下三枚金牌。除单打外，女双与郑敏之合作，混双与张燮林合作，成为完成“世乒赛大满贯”纪录的第一位中国球员，创造了中国乒坛的一项新纪录。

二、羽毛球精英

中国第一代羽毛球运动员中的佼佼者几乎都是华侨，无论是国家级的正式比赛，还是各个地区的比赛，前三名几乎清一色是华侨，而且80%来自印度尼西亚。羽毛球自从20世纪30年代由英国传入印度尼西亚后，因其装备简单、场地随意，受到了印度尼西亚人民（包括华侨）的喜爱。自20世纪50年代后期开始，印度尼西亚的羽毛球运动普及程度和竞技水平均处于世界领先地位。羽毛球运动也在印度尼西亚上升到了“国球”的地位。

王文教，祖籍福建南安，1933年在印尼出生。1954年5月，王文教不顾印尼方面的阻拦和家人的反对，与搭档陈福寿等华侨青年一起，踏上了归国的旅程。回国后，王文教进入北京体育学院。1957年，中国羽毛球队参加在莫斯科举行的第六届世界青年联欢节羽毛球比赛，王文教与队友配合获得双打冠军和单打第二名的好成绩。1960年，王文教在一次训练中不慎腰椎负伤，从此告别运动员生活，改任福建省羽毛球队男队教练，开始了33年的执教生涯。1965年，王文教作为教练，带领由汤仙虎、陈玉娘、梁秋霞等组成的中国羽毛球队应邀访问了号称欧洲羽毛球王国的丹麦和羽毛球强国瑞典。由于出发前做好了准备，结果这次访问大获全胜。共出战34场比赛，除一场女子双打和一场混合双打是2∶1外，其余均以2∶0获胜。中国羽毛球从此步入第一个“黄金时代”。1982年，王文教出任中国羽毛球队总教练，在此后十多年里，他带领球队在世界级赛事中共夺得59个世界冠军，从此中国羽毛球运动步入了“辉煌时期”。

在王文教所带过的球员中，既有汤仙虎、侯加昌、陈玉娘和梁小牧等我国第二代羽毛球名将，又有韩健、李永波、田秉义、张爱玲、李玲蔚、韩爱萍、杨阳、赵剑华、林瑛、吴迪西等我国第三代新人。第三代中的李永波，于1993年接过王文教手中的接力棒，成为中国羽毛球队的主教练。退居二线以后，王文教继续关注羽毛球事业，在他的积极倡导下，在 1997 年秋完成我国首部大型羽毛球专题教学片《学打羽毛球》。该片完整展现了羽毛球运动的起源与发展过程、运动特点、基本技巧和未来发展趋势，填补了我国羽毛球基础理论研究的空白，有助于我国羽毛球后备力量的培养。

汤仙虎，祖籍广东花县（今花都），1942 年出生于印尼，是第六代华人。归国之前，他已是印度尼西亚国内前八的高手。1960 年回国时，他只有 18 岁。他在归国之初，把印度尼西亚的羽毛球技术带回国，并加以发展，形成了自己独特的技术风格。1963 年，在第一届新兴力量运动会的羽毛球比赛中，汤仙虎为中国队取得男单冠军。1965 年年底随国家队访问北欧时，以 15∶5 和 15∶0 的悬殊比分战胜六次荣获全英羽毛球锦标赛冠军的丹麦世界名将科普斯，至今仍传为佳话。1966 年夺得亚洲新兴力量运动会团体、男双和男单冠军。1974 年他参加第七届亚运会羽毛球比赛，与队友合作获男子团体第一名。当时已经 32 岁的他，在决赛中，战胜印度尼西亚名将林水镜，为中国队夺冠立下大功。1978 年曼谷第八届亚运会，他以 36 岁的“高龄”参赛，同张爱玲搭档获得混双冠军。

比赛中的汤仙虎

1981 年年底，汤仙虎成为教练员。不过他教练生涯的第一个巅峰并不在中国。1986 年因为尽孝，汤仙虎返回印度尼西亚，照顾年迈的父母，其间受聘于印度尼西亚国家队。1996 年，汤仙虎的父亲不幸去世，在安顿完父亲的后事后，他说服母亲一同回到福州。重返祖国之后，汤仙虎主管当时还相对低迷的男单。在他的悉心调教下，男单这个中国羽毛球队的薄弱环节有了长足的进步。2000 年悉尼奥运会上，他的两名弟子吉新鹏和夏煊泽分获男单冠军和季军。后执教男双，带出了 2012 年伦敦奥运会男双冠军蔡赟和付海峰。2004 年，汤仙虎因为年事已高，离开中国羽毛球队。但老帅“退”而不“休”，任中国队总顾问。2007 年，他又作为中国羽毛球队专家组成员重点协助男单组的工作，侧重于对林丹的训练，2008 年北京奥运会上，林丹勇夺男单冠军，老帅汤仙虎功不可没。

陈玉娘，祖籍福建福清，1947 年出生于印度尼西亚中爪哇的梭罗市。她不到 10 岁就开始练羽毛球，13 岁时就拿了中爪哇的单打冠军。陈玉娘本已被印度尼西亚羽总看中，受邀参加国家青年队。不过当时印度尼西亚侨界有一股回祖国参加建设的风气，尤其是青年学生回国很普遍。陈玉娘遂告别家人，于 1960 年夏天回国，入选湖北省羽毛球队。陈玉娘技术全面，能攻善守，是中国六七十年代女子羽毛球选手中的佼佼者。1964—1978 年，她先后八次获得全国女子单打和女子双打冠军，曾获第二届中国全运会羽毛球女子单打和双打（与林健英合作）冠军。在国际羽毛球比赛中，获得第一届亚洲新兴力量羽毛球赛女子单打冠军，在第七届亚洲运动会上获女子单打冠军。她还是女子团体冠军中国队的主力队员之一。

陈玉娘在 1977 年后担任中国羽毛球队教练，在十几年的教练岗位上，陈玉娘为国家培养了十几个世界冠军，像韩爱平、关渭贞、黄华、唐九红、尚幅梅、劳玉晶、韩晶娜、吴文静，直到 2004 年雅典奥运会女单冠军张宁等。20 世纪 80 年代中国在世界羽坛上成绩斐然，陈玉娘功不可没。1979 年起，陈玉娘任中国羽毛球协会副主席。她是第四届和第五届全国人民代表大会常务委员会委员，曾三次获国家体委颁发的体育运动荣誉奖章。1986 年，又获得世界羽毛球联合会颁发的卓越贡献奖。

侯加昌，祖籍广东梅县，1942 年出生于印度尼西亚的中爪哇三宝垄市。1960 年，他高中毕业后回到中国，就读于广州体育学院。1963 年夏，侯加昌入选国家集训队。1964 年 6 月，印度尼西亚队来访，侯加昌与队友合作，击败了自己少年时的偶像印度尼西亚名将陈友福和乌囊。1965 年，中国羽毛球队远征北欧的丹麦，原定两天的比赛，侯加昌和队友仅用一天的时间就全部战胜了对手。在 20 世纪六七十年代，他与同为印度尼西亚归侨的汤仙虎称霸国内羽坛，并打败无数世界羽坛名将，在世界羽毛球场上开创了一个长达 14 年的“汤侯时代”。在 1976 年第四届亚洲羽毛球锦标赛上，侯加昌战胜了夺冠呼声最高的印度尼西亚的林水镜。在 1978 年第一届世界羽毛球锦标赛上，他又与庾耀东搭档获得男双冠军，为自己的运动生涯画上了一个完美的句号。

1979 年起，侯加昌出任国家队教练。1982 年，侯加昌率领中国男队在第 12 届汤姆斯杯决赛中以 5∶4 力挫不可一世的印度尼西亚队，首次参赛即夺得这项冠军，无冕之王终于加冕。20 世纪 80 年代，中国队 4 夺汤姆斯杯，仅在 1984 年让冠军旁落他家。身为男单教练的侯加昌功不可没。在他执教中国男单期间，培养出韩建、杨阳、赵剑华、栾劲等世界级选手，这一串响亮的名字至今仍是羽坛骄傲。侯加昌带领下的中国男羽共夺得 15 次羽毛球世界冠军，其中 11 次男单冠军、4 次汤姆斯杯冠军，奠定了国际羽坛第一个“中国王朝”。

三、泳坛传奇

吴传玉，1928 年出生于印度尼西亚沙拉笛加，原籍福建漳州龙海市角美镇流传村。到吴传玉这一代，已是第三代印度尼西亚华人。吴传玉从小喜欢游泳，工作之余常去当地的中华游泳会练习游泳。由于当时中国和印度尼西亚两国的双重国籍还未废除，因此吴传玉曾于1948年以印度尼西亚华侨身份参加在上海举行的旧中国第七届全运会，并于同年8月代表中华民国参加了1948年的伦敦奥运会。

1951年秋，吴传玉代表侨居国印度尼西亚，参加了在柏林举行的第三届世界青年与学生和平友谊联欢节。回印度尼西亚时，他途经北京，受邀参观访问。他看到新中国翻天覆地的变化，毅然决定留下来。1953年，在罗马尼亚布加勒斯特举行的第一届国际青年友谊运动会游泳比赛中，吴传玉以1分8秒4的优异成绩夺得100米仰泳冠军，为中国首次在国际体育比赛中获得金牌，五星红旗第一次在国际体坛的赛场上冉冉升起！这是新中国在国际大赛上的第一枚金牌。1954年7月，在参加国际学联组织的第12届世界大学生夏季运动会游泳比赛中，吴传玉分别获100米仰泳和100米蝶泳两枚银牌。同年，他当选为第一届全国人民代表大会代表。按照吴传玉的身体素质和状态，本来可以争取到更大的成就，可惜天不假年。1954年10月在赴匈牙利比赛的途中，因飞机失事遇难，年仅26岁，给人们留下了深深的遗憾。

戚烈云，1934年出生在香港。受名师指点，其游泳成绩提高很快。1950年，他在香港游泳公开赛中夺得100米和200米蛙泳两项冠军，并双双打破香港纪录。一时间，戚烈云成了香港的风云人物。香港英国当局找到他，希望他“在女王的庇护下”参加比赛，但是，在戚烈云心里，早已抱定一个志愿：回内地为祖国效力！教他练游泳的启蒙教练黄焯荣给他写信说道：“广东绿水青山，体育设施非常好，标准的游泳池，花样多得叫不出名字的体操器械，你在这儿可以随心所欲，畅游个痛快，尽显你的英雄本色……”这使他最终下定了回到祖国怀抱的决心。

几经辗转，摆脱了重重阻挠，戚烈云于1954年回到内地。在同年8月举行的全国游泳锦标赛上，戚烈云的高航式游法在众多好手中独领风骚，一举夺得100米和200米蛙泳两项冠军并打破100米蛙泳的全国纪录。1957年5月1日，为庆祝“五一”国际劳动节，广州越秀山游泳馆举行了庆“五一”游泳表演赛。比赛的最后一项是100米蛙泳，戚烈云以1分11秒6夺冠，并打破了世界纪录。这是中国游泳选手创造的第一个世界纪录，戚烈云的名字从此就永远铭刻在中国游泳史上。

第十四章　华商投资与中国的经济腾飞

中国实行改革开放以来，不断改善投资环境，扩大对外开放的地区和领域，成为世界经济最活跃、对外资最具吸引力的国家。在这一轮经济发展中，华侨华人、港澳同胞成为外资到中国大陆投资的先锋和主导力量，成为联系中国与世界各国经贸关系的桥梁和纽带。侨资企业在全国外商投资企业总数中占70%，投资额占60%，为中国的对外开放和经济腾飞做出了突出贡献。

一、起步阶段：1991 年以前

改革开放后，华侨华人和港澳同胞率先到侨乡投资设厂。毗邻港澳地区、华侨众多的广东省被中央赋予灵活政策，在改革开放中先行一步。因此，初期进入中国大陆的外资企业主要分布在广东。1979 年，中央批准兴办深圳、珠海、汕头、厦门四个经济特区。1984 年年初，为了扩大东部沿海地区对外开放的广度与深度，国家开放 14 个沿海城市。1985 年进一步扩大开放了长江、珠江和闽南三个三角洲地区为经济开放区。1987 年决定成立海南省，并实行比特区更特殊的政策，从而使东部沿海地区形成经济特区、开放城市、开放地区由点到面的对外开放新格局。

改革开放初期，进入中国内地的侨资企业以香港企业占绝大多数。港澳投资曾占到内地吸收外资总额的80%以上。其投资区域主要集中在珠三角和闽南三角地区。这一阶段的侨资企业以劳动密集型企业为主，而且大多数创办在侨乡的农村地区，主要利用农村的土地资源和人力资源优势。随着对外开放领域的不断扩大和投资环境的不断改善，侨资企业逐步提高资本有机构成，其投资活动区域从沿海扩大到沿江、沿边和省会地区。

这一阶段，是东南亚华人企业集团在中国投资的起步阶段。据统计，在这期间新加坡等东南亚五国对华直接投资项目累计1042项，平均每年获批的项目数为80项；合同投资累计金额为14.28亿美元；实际投资金额累计为3.79亿美元。这一阶段东南亚国家对中国大陆直接投资累计的项目数、合同投资金额、实际投资金额有限。

新加坡对华投资所占金额在东南亚国家中最多。新加坡华人企业集团在厦门和大连投资酒店、房地产及苏州工业园区，在制造业方面投资广西玉林柴油厂、河北玻璃制造厂等。马来西亚有“糖王”和“酒店王”之称的郭鹤年集团自1986年开始对中国进行投资，80年代后半期建成了北京香格里拉酒店和中国国际贸易中心。随着对中国投资的进一步扩大，其经营领域也更加多样化。马来西亚“钢铁大王”“百货大王”帅廷森的金狮集团，在华投资项目主要有摩托车生产、百盛公司连锁店等。泰国正大集团是海外华商来华投资的先驱，在中国先后兴建200余家合资和独资企业，总投资额45亿多美元。

菲律宾陈永栽集团拥有菲律宾最大的卷烟厂及第二大啤酒厂。其海外投资以中国香港为基地，并逐步扩展到中国内地。菲律宾华人企业集团在华投资主要以房地产和土地开发为主。印度尼西亚大型的华人企业集团有40家，资产总额达到110亿美元。其中，最积极地进行海外投资的是印度尼西亚的三林集团。三林集团从20世纪70年代开始就不断地在香港收购当地的企业和银行，在香港设立控股公司第二太平洋公司，以统辖海外事业，并不断在世界各地收购或新建企业。其业务主要集中在消费品、电信、房地产和银行业等领域。

二、快速发展阶段：1992—1998年

1991年以后，中国加快了对外开放的步伐。1992年7月30日国务院决定进一步对外开放重庆、岳阳、武汉、九江、芜湖等五个长江沿岸城市，哈尔滨、长春、呼和浩特、石家庄等四个省会城市，太原、合肥、南昌、郑州、长沙、成都、贵阳、西安、兰州、西宁、银川等13个内陆地区省会城市，实行类似沿海开放城市的政策。至此，形成了东部沿海开放地区，以上海浦东开发区为龙头的长江沿岸地区、周边地区和以各省省会城市为中心的内陆地区的多层次、全方位的开放格局。中国政府鼓励外商投资生产型企业项目，如工业、农牧渔业、交通、能源、邮电等，并要求不断提高投资质量和技术水平。随着90年代以来东南亚国家对华关系的日益改善，东南亚各国政府也鼓励华商到中国投资。对此，华人大企业家和企业集团均采取了积极回应，争先来华开展经济合作。正是由于侨资企业大量进入中国，才使得中国大陆出现以外商投资与出口为主要驱动力的20世纪90年代开始的中国经济高增长。

这一阶段侨资在中国大陆的投资活动继续从广东、福建等侨乡北上。长三角和环渤海地区在1992年迅速超过福建，而长三角地区所占的比重呈现出赶超珠三角地区的态势。1991年香港在上海投资开办企业292家，协议投资金额3.38亿美元，此后每年持续稳定发展。到1995年的6年中，共投资开办企业8161家，协议投资金额201.82亿美元。

1992 年以后，随着中国利用外资政策进一步放宽以及发展第三产业的需要，侨资投资领域又从生产领域逐步扩大到房地产、金融、贸易、商业、交通、通信、旅游和其他产业。东南亚华人企业集团对金融、服务、建筑、计算机等领域的投资发展迅速呈现出多元化的投资格局。1992—1998 年间东南亚国家对中国大陆直接投资项目数、合同投资数、实际投资数累计分别达到 13133 项、419. 39 亿美元和 165. 49 亿美元，分别是 1979—1991 年的 12. 6 倍、29. 36 倍和 42. 62 倍。

到 1994 年年底，以华人企业为主的马来西亚企业对华直接投资的产业分布如下：第三产业的投资额为 12. 23 亿美元，占总投资额的 79. 2%；第二产业的投资额为 12. 23 亿美元，占总投资额的 20. 3%，其中约 2/3 的资金投向粮食食品加工业、饮料业、橡胶产品加工业、棕油提炼业等劳动密集型行业；投资第一产业的比重较小，农、林、牧、渔业的四项投资额为 0. 3 亿美元，仅占投资总额的 0. 5%。

新加坡华人企业对华投资总额的 50% 集中在劳动密集型制造业。在新加坡政府有关政策的引导下，华人企业利用中国低廉劳动力成本的区位优势，维持对欧美国家的出口竞争力，扩大对中国市场的占有率。新加坡华人企业对华直接投资较多的其他几个领域为商业、房地产和运输服务业。华人企业参与中国大陆运输业的投资也较多，并且单项平均投资规模较大，主要项目包括与中方合资成立广州白云机场地上服务有限公司、深圳飞机修理工程有限公司、北京航空地上服务有限公司、上海华星国际集装箱有限公司等。

泰国商业、制造业代表性华人企业有正大卜蜂集团、盘谷银行集团、泰兴钢管集团等。而海外投资最多的企业是卜蜂集团，该集团通过香港的控股公司卜蜂国际公司统辖海外事业。泰国华人企业对华投资的一般是与该集团在泰国国内产业相关联的项目，其中以农产品综合经营和银行业的投资最为突出，如正大集团、顺和成集团等泰国最为著名的农商集团等。泰国橡胶业大亨林立盛的泰华树胶有限公司自 1990 年以来，在中国开展了多项橡胶贸易和生产经营活动。

印度尼西亚华人企业集团对华投资项目相对集中在两个行业：一是土地成片开发，如林绍良的香港第一太平集团投资开发福清的工业园区，李文正的力宝集团在莆田投资度假区和工业项目，吴家熊的大马集团投资 4500 万美元在泉州从事土地成片开发等。榕籍华侨投资建成年吞吐量达 50 万吨、三万吨级的元洪码头，投资 1000 万美元的江阴壁头码头，投资 4500 万元人民币的元洪投资区一级疏港公路，投资 4000 万元人民币拓宽改造的元洪路，总投资 1.1 亿元人民币的 7.2 千米清荣大道等。二是控股投资，如金光集团旗下的香港中策股份有限公司在中国内地开展的大规模投资控股活动，到 1993 年为止，投资额总数达 24.85 亿元人民币，投资工厂数达 196 家。

菲律宾华人企业主要有亚洲世界集团、陈永栽集团、首都银行集团等。陈永栽集团自 20 世纪 90 年代开始便在中国大陆投资发展，在厦门开设的华人独资新联商业银行便是其中之一。此外，在中国十几个省市建有亚洲啤酒厂，还在北京、大连进行房地产开发等。

这一阶段侨资来源地也发生了变化，除传统的东南亚外，北美、日本、欧洲等地的侨资投资开始增加，其中来自北美、澳大利亚的侨资企业数在全国总数中所占比重，从 1991 年的逾 5% 一举上升到 1992 年的约 8%，同期来自欧洲、拉美及非洲的侨资企业数在全国所占的比重，从 2% 上升到 3%，并且此后一直稳步上升。为鼓励华侨和港澳同胞来上海投资办企业，上海市侨办于 1992 年起对在沪的侨资企业进行确认工作，并根据规定给予政策优惠。至 1999 年共确认了 1734 家侨资企业，实际投资 41.03 亿美元，其中来自美国和日本的侨资企业共 133

家，占总数的7.7%。

三、调整与成熟阶段：1999年至今

1999年以来，继承了改革开放前20年的成果，在继续改善投资环境的同时，中国政府逐渐将引资重点转向高新科技领域和引导外资投入国内薄弱产业部门，如基础产业建设。引进外资的重点也由开放之初的解决国内建设资金的不足，向配合产业调整和升级、提高技术水平、形成有国际竞争力的产业门类方向转变。东南亚各国在经历了1997年的金融风暴之后，许多华人企业进行了大规模的企业重组，造成对华投资数量暂时减少。同时，因为中国利用外资政策有所调整，即由改革开放初期对外商实行税收优惠逐渐转为与中国公民同等待遇，引资重点转向高新科技领域和引导外资投入国内薄弱产业尤其是基础产业部门，这样便对技术水平相对较低的外资项目和单纯为享受优惠政策而实行的对华投资项目有所影响，导致1999年之后的三年中，华侨华人尤其是东南亚华侨华人在中国大陆的投资略有下降。

但是，随着中国在2001年末加入世界贸易组织，中国市场日益扩大，改革开放的程度也越来越深化，中国对入世的各种承诺也一一按规定执行。同时，中国国内的各种软硬件环境也日趋完善，使得中国大陆正成为一个蒸蒸日上且充满无限商机的投资之地。2006年，中国实际利用外资首次超过700亿美元，成为国际第一大外资流入国。华侨华人资金也水涨船高，在总量上有很大增长。21世纪中国外资引进逆势而上，走出了世纪之交的低谷，在这一阶段，侨资企业进入稳定成长的新时期。特别是随着中国国内需求的不断增长，侨资与外资开始转向以中国国内市场为其投资取向，追求中国国内市场的占有率成为华商投资新的选择重点。

进入21世纪以来，侨资在中国大陆的投资规模趋于大型化，联手投资日益兴起，科技型侨资企业大幅增加。为了扩大投资规模，不少侨资开始进行联合投资，如印度尼西亚华人财团与新加坡公司联合在福建投资开发工业园区，泰国东方电讯集团与挽仓集团在上海浦东以村域形式合作开发泰商工业专区。东南亚华资财团大都与港台财团有着业务联系和经济合作，加之多在中国香港建立跨国经营基地，彼此借力抢滩中国之事已不鲜见。例如，马来西亚郭鹤年与香港李嘉诚联手签下了上海"不夜城"综合开发计划，并参与改造北京王府井旧城区，印度尼西亚华人财团与中国台湾东帝士集团合资到厦门兴办大型化纤项目等。海外华人大财团与发达国家跨国公司联合开拓中国市场也成为一种新的发展趋势，如泰国卜蜂集团与日本本田公司在中国合作生产摩托车，印度尼西亚华人财团与日本丸红株式会社合资创办冶金项目。作为全国显示器最大生产厂家的台资企业冠捷福清电子公司，亦有华人财团参股投资，德国西门子公司对冠捷青睐有加，亦加盟合作生产微机产品。

在地域选择上，侨资继续转向长三角与环渤海地区。长三角以其向全国市场的辐射力成为侨资的最大集聚地。2000年，新增侨资企业数在全国的比重，长三角追平并随后超过珠三角。侨资范围也扩展至全国各个区域，甚至过去，海外华商无人投资的大西北、大西南现在也有人投资。如20世纪80年代中期去美国创业的新移民、美国成功集团总裁李玉玲，2000年8月在新疆乌鲁木齐投资5亿元人民币于小西门旧城改造"成功广场"项目。印度尼西亚李文正的力宝集团投资改造辽宁抚顺煤矿，印度尼西亚彭云鹏的巴里多太平洋集团投资陕西咸阳，建火力发电厂，马来西亚郭氏集团在广西投资26亿美元兴建炼油化工企业和深水码头，新加坡华商在河南投资六亿美元于食品机电业等。

资企业产业层级也发生转变，从低端劳动力密集型产业转向增加资本与技术含量，重塑竞争力。高技术产业、金融行业、现代服务业等高劳动附加值的行业成为侨资企业新的增长点。如苏州目前已形成产、供、销、研一体化的完整电子产业集聚链条。广东省的侨资企业主要分布在轻工、日用化工、纺织服装、食品饮料、电子信息及建筑材料等行业。近年来，对以电子、通信、信息产品为主的高新科技产业的投资也开始大幅增加，已经从初期的玩具、纺织、服装等劳动密集型企业发展到资本、技术密集型企业。不仅如此，侨资的产业集群性也日益突出，珠三角、长三角两个区域都形成具有国际竞争力的产业链与产业集聚。

随着世界科学技术迅猛发展，欧美等发达国家的华人科技型企业家的成长引人注目。美国硅谷数千家高科技企业中有20%为华人所创办，有不少华人企业家回大陆投资创业并取得成功。雅虎创办人杨致远等成为新一代在中国大陆投资创业并取得成功的华商精英代表。在发展规模上，科技型华商企业集团越来越多，这些集团的管理者大都具备较强的专业知识技能，在高新技术领域具有优势，拥有世界先进的经营理念，并利用国际商业网络在区域经济合作中寻取商机，整合资源，努力分散风险，拓展发展空间。

引进外资部分解决了中国经济发展所需要的建设资金问题，外资企业成为中国出口创汇的主力军之一，并为大陆提供了数以百万计的工作机会。同时，以海外华资为主的外资在中国发展高科技产业，推行现代化管理机制，改造传统产业，增加财政收入方面也做出了重大贡献。有人认为，与俄罗斯相比，中国经济改革之所以成功，是因为海外华资的合作。需要强调的是，海外华资与母国合作的基础是中国改革开放所形成的良好投资环境。海外华资在平等互利的基础上与中国形成合作，导致双赢局面。海外华资企业得改革开放之先机，普遍盈利扩资，进一步壮大，从而极大增强了自己的实力。

第十五章　华人科学家与中国的科技事业

十年“文化大革命”对中国整个科研工作造成了巨大破坏。科技管理部门被撤销，研究机构被裁减，科研人员被遣散、下放。除了少数涉及国防的火箭、导弹等项目外，科研工作几乎完全停止。20 世纪 60 年代末 70 年代初，东西方关系有所缓和，许多海外知名科学家纷纷来华访问。1974 年 6 月和 7 月，毛泽东先后接见了来华访问的李政道、杨振宁，向世界发出了中国向外界开放的信息。这些华人科学家关心中国的科技发展，他们穿针引线，促进了中国科技界与海外交流，为中国的科技、教育事业发展做出了巨大贡献。

一、中美高能物理合作

1979 年 1 月，邓小平访美，中美签订了高能物理合作协议，这是中美战略合作的一个组成部分。1972 年，美籍华裔著名物理学家李政道首次访华时，就向周恩来总理提出中国应当建造一个小型的正负电子对撞机。由于国内的条件限制，这个建议无法实现。1979 年，国内经过反复争论和论证终于提出要建造 500 亿电子伏特的电子对撞机。但是由于国内经费和人员的缺乏，新一轮的争论又开始了，一些人认为中国现阶段不应建造电子对撞机，而要购买国外的电子对撞机。李政道专门给邓小平和当时主管科技工作的副总理方毅写信，他指出，购买加速器不能够提高中国高能物理的科学水平，只有通过自己亲手设计、建造和研究的实践，才能造就一支高水平的科研队伍，中国的科技水平才能提高，才能跻身世界高水平行列。他还建议建造 22 亿电子伏特的对撞机。中国领导人接受了李政道的建议。随后，在他的周密安排下，中国派出的 40 多名物理学者到美国五大高能物理实验室从事研究工作，这些学者被称为“李政道学者”。1981 年，他们全部回国，后来大都成为北京正负电子对撞机国家实验室的骨干。

1984 年 10 月 7 日，电子对撞机工程在北京西郊奠基。为确保对撞机设备制造、安装、调试的质量，李政道推荐美国著名加速器专家潘诺夫斯基担任北京正负电子对撞机工作的顾问。潘诺夫斯基每年都到北京，对工程建设进行技术指导。李政道在此期间也每年赴京两次，了解工程进展，解决工程建设中的难题。1988 年 10 月 16 日，北京正负电子

北京正负电子对撞机

对撞机实现首次电子对撞。10 月 24 日，邓小平等视察电子对撞机实验室，一见到李政道就紧紧操住他的手亲切地对他说："中国人民衷心感谢您。"1992 年利用这台电子对撞机精确测量到的轻子质量新数值，被认为是当年国际粒子物理实验中最重要的成果。

丁肇中也是世界著名高能物理学家，他对中国高能物理的发展一直很关心。为了中国高能物理的发展，他不辞辛劳，多次来华从事学术交流和参观访问，介绍国际高能物理的发展。1977 年秋，丁肇中访华期间建议中国科学院派遣物理学家参加他的实验小组工作，共有 27 位青年物理学家参加了丁肇中领导的高能物理研究工作。这 27 名中国年轻物理学工作者回国后，成为我国高能物理研究领域的骨干、带头人。自 1978 年 1 月丁肇中迎接第一个中国物理学家小组 30 多年来，已有上百人到他的身边。他说："与中国的合作令人满意。"丁肇中进行的宇宙空间探测反物质、暗物质以及研究宇宙射线研究计划的探测装置阿尔法磁谱仪，其核心部件是永磁铁。永磁铁用于阿尔法感谱仪是丁肇中提出来的，他选择中科院电工所作为合作伙伴。经过两年半的艰苦研制，电工所终于研制出合格的永磁铁，丁肇中因此获得中国政府的国际合作奖。1998 年 6 月 3 日，中美等国家共同研制的"阿尔法磁谱仪"于美国肯尼迪航天中心由"发现号"航天飞机送入太空，在太空飞行一天，获得了一亿多个数据。

袁家骝是新中国建立后代表西方与中国物理学家直接接触的第一人。1972 年 11 月 6 日，中国科学家和工程师代表团到达瑞士，参观在巴塞尔举行的核设备及器械展览会。袁家骝在西欧核子研究中心做访问研究工作。他千方百计去联系，终于获得陪同中国代表团参观西欧核子研究中心的机会。1973 年，袁家骝、吴健雄第一次来华访问讲学。通过与国内科学家广泛地接触，袁家骝加深了对新中国的了解。他回到西欧核子研究中心后，马上向该所所长提出了向中国提供核物理研究设备的建议。第二年，经过他的不懈努力，一批核物理实验设备得到批准后运至中国原子能研究所，由此正式揭开了西欧与中国在核物理、高能物理研究领域广泛合作的序幕。1981 年起到 1993 年的 12 年间，袁家骝和吴健雄夫妇全程参与了中国合肥的同步辐射器的建设，同步辐射器于 1993 年 10 月正式启用。同步辐射器的建成使中国科学家在该领域具有与美国、欧洲鼎足三分的地位。

二、研究生派遣

改革开放之初，中国国内学生出国留学渠道不畅通。刚刚经历“文化大革命”十年动乱，国民经济濒临崩溃，国家财政非常困难，无法提供大量外汇作为留学生的学习经费。1979 年，李政道回国讲学期间，发现了这个问题。他认为要给年轻人创造系统学习和发展的机会，尤其是到美国一流研究院和大学系统学习。但是，美国方面规定，进入各个大学研究院，必须要考 GRE，非美国的外国学生还必须通过 TOEFL 考试。中美民间断绝联系 30 年，当时的中国根本没有条件进行这两种考试。李政道就设计了一种独特的、暂时性的留学考试项目——中美联合招考赴美国留学物理研究生项目（China - Untied States Physics Examination and Application Program，CUSPEA）。先由美国的高校出好试题，寄到北京中国科学院研究生院，由他们组织全国性的考试，考试完成之后由中科院研究生院组织判卷，成绩寄到美国，由美国高校决定录取名单。美方负责中国研究生在美的全部经费。这种独特的招生方式是在美国正式招生计划之外，专门对一个特定国家招收近百名研究生，并负担他们在美的经费，这在美国历史上是没有先例的，李政道就一个一个学校说服他们同意。1980 年 2 月，该项目正式开始之时，包括美国部分名牌大学在内的53所高校参与，共招收127名研究生。后来参加CUSPEA的美国和加拿大的大学增加到了97所。这是我国改革开放以后第一次较大规模向国外派遣留学生，为后来的大规模国际人才交流和科学文化交流起到了开拓性作用。

1981年至1989年每年的头三个月都是李政道最忙碌的时间，几乎全部精力都投入到CUSPEA项目上。该项目一年约有100位学生，每一位学生需要十几封推荐信，都是李政道和他的夫人以及秘书三人亲手书写的。对所有有关CUSPEA的工作，李政道都亲力亲为，包括同几十所大学的联系、组织命题、邀请美国教授来华面谈，直到为被推荐学生分送材料，解决特殊疑难问题等。至1989年该项目结束时，十年中执行了连续两期的项目，共有915名中国学生通过这一途径赴美攻读博士学位。通过此项目，中国的教授和学生了解到美国一流大学研究生教育以及物理学前言的新进展，看到了中美研究生教育方面的差距。2002年，李政道回顾CUSPEA计划发展历程时认为："CUSPEA项目是我生命中最有意义、最有价值的成果之一，对我而言，这个项目和拿诺贝尔物理学奖一样重要。"

这种方式被推广到生物、化学等学科。1981年年初，国际知名生物学家吴瑞偶然得知该项目后，立即与李政道联系，咨询帮助中国生物学大学生到美国学习的可能性。李政道很欣赏他的想法，帮助他与中国联络，最终产生了中美生物化学联合招生项目（CUSBEA）。这个项目与李政道的物理项目遇到同样的问题，吴瑞也采用了李政道的做法，即他提出一套方案，包括用英文命题、答卷，水平相当于美国的大学。每年邀请美国大学的两名教授到中国对通过笔试的学生进行面试。当时，中国教育部计划每年派遣30名生物学学生到国外学习，吴瑞认为这个数目太少，应当扩大十倍。最终，经过与教育部多次协商，CUSBEA项目的名额确定为每年最多 60 名。CUSBEA 成为国家公派留学项目，由教育部主持。时任北京大学校长的张龙翔和北京大学生物系教授顾孝诚任中方协调人。学生则是从中国科学院、卫生部、农业部的各自所属单位当年录取的研究生中择优推荐，参加由美国专家命题的生物化学和分子生物学考试，中方专家负责阅卷排名，美国专家面试，最后由参加 CUSBEA 项目的美国大学分别录取。中山大学 GELC 中心负责对候选学生进行出国前的英语培训。这个项目自 1982 年至 1989 年间，共招收了 400 余位顶尖的中国学生赴美学习。

此外，还有其他一些留学项目，如 1982 年丁肇中提议设立实验物理研究生培养计划；在 20 世纪 80 年代，陈省身组织了中国数学研究生赴美参加“陈省身项目”，赴国外攻读博士学位，等等。

三、设立研究机构

在派出研究生的同时，一些科学家还争取外国的研究经费在国内设立研究机构，主办学术会议，或是直接创办研究机构，培养人才。李政道于 1986 年争取到意大利的经费，在中国科学院的大力支持下，创立了中国高等科学技术中心（CCAST）并担任主任，这个机构旨在建立国内外研究机构和学者之间的联系交流。他每年到北京来主持国际学术会议，并指导 CCAST 开展多种形式的学术活动，对提高科技人员的水平起到了重要作用。同时，他还在北京大学建立了北京现代物理中心（BIMP），之后，又在浙江大学建立了浙江近代物理中心，还在复旦大学建立了李政道实验物理中心。

陈省身于 1984 年在南开大学创办数学研究所，并出任所长。他提出数学研究所的办所宗旨是“立足南开，面向全国，放眼世界”。实行这一方针的具体措施就是组织“学术活动年”。当时的中国数学，还处在恢复和发展的起步阶段。现在，南开大学数学所已经拥有一批优秀的数学家，并培养了一批优秀的中青年数学家。

菲尔兹奖获得者丘成桐在海峡两岸共创建了四个数学中心，即香港中文大学数学研究所、中国科学院晨兴数学中心、浙江大学数学科学研究中心、台湾理论科学研究中心，并出任北京、浙大、香港三家研究机构负责人。他在中国任职不收分文报酬，连往返飞机票等差旅费都是自己掏腰包。世界著名应用数学家林家翘于 2002 年 8 月回国定居清华大学，创建清华大学周培源应用数学研究中心，并担任该中心名誉主任。

四、设立基金和奖学金

20 世纪 80 年代初期，中国许多学科研究经费相当匮乏，整体水平远远落后于国际先进水平。许多有责任感的科学家对这种局面非常忧虑。李政道于 1985 年 7 月 3 日和 12 日连续给有关部门和国家领导人写信，建议成立自然科学基金委员会。7 月 16 日，邓小平会见他时，他当面提出自然科学基金委员会的重要性，认为中国应设立国家自然科学基金委员会，并由第一流科学家负责。1986 年 2 月，国务院决定成立自然科学基金委员会，中国科学院学部委员、著名化学家唐放庆任主任。李政道还帮助提出自然科学基金的具体实施方案，“在中国首次将同行评议引入科研经费的分配”。国家自然科学基金委员会的成立开创了资助基础科学发展的新局面，促进了中国科学基金制的发展。

海外华人科学家在为中国科技发展献计献策的同时，也设法自己出资或赞助设立奖学金，资助中国学生学习与研究。李政道于 1989 年用自己的积蓄 30 万美元在北京设立以他已故夫人和他的名字命名的“秦惠箬李政道中国大学生见习进修基金”（简称“箬政基金”）。该基金主要为大学生利用假期或课余时间，到科研单位参观、见习、进修，或在教授指导下，从事某些课题的研究，使学生们通过这些活动增进对科学研究和科技专家的认识。根据秦惠箬的遗愿，每年接受资助的大学生中必须有一半是女性。基金实施的范围是北京大学、复旦大学、苏州大学、兰州大学四所大学，后来又扩大到台湾新竹的“清华大学”。从2001年到2008年中，共有216位大陆“箬政学者”赴台交流，同时有201位台湾“箬政学者”赴大陆交流。到2008年，先后已有1654名两岸大学生成为“箬政学者”，享受基金资助学生的专业背景从原先的自然科学扩展到人文社会科学和技术科学各个领域，其中还涌现出一批颇有科研才能和发展前途的优秀青年学者。

吴健雄于1988年捐资近100万美元，设立吴仲裔奖学基金会，每年颁奖一次。1999年，她在南京以200万美元创办“吴健雄袁家骝科学研究基金会”，每年邀请一到两位世界著名科学家到国内举办科学演讲，以推动和促进国内科学技术的进步发展。她还在东南大学设立“吴健雄研究基金会”，支持中国的教育和科技事业。吴健雄袁家骝夫妇自1988年以来，长期捐助给江苏省太仓市吴健雄的母校明德学校。他们还在中国设立了“吴健雄物理奖”“吴健雄袁家骝自然科学基金会”，在南京大学、东南大学、明德中学先后设立“吴健雄奖学金”。

杨振宁于1983年在香港倡议组建中山大学高等学术研究基金会，他任基金会董事会主席。1985年，为了鼓励青少年发挥创造才能和动手能力，杨振宁建议创办的“亿利达青少年发明奖”，由香港实业家刘永龄出资赞助。后来，这项发明奖的评选活动扩大至江苏、浙江、四川、湖北、上海、天津四省二市。1986年4月，杨振宁又提议设立吴健雄物理奖、陈省身数学奖。为了推动清华大学应用数学学科的发展，2008 年 3 月，林家翘与夫人梁守瀛向清华大学周培源应用数学中心捐款 58.6 万美元，设立了“林家翘、梁守瀛学术研究基金”，用以支持中心开展国际学术交流合作。

美籍华裔数学家丘成桐

丘成桐在浙大、中国科大设立丘成桐奖学金。为了募集经费，丘成桐四处奔波。在他的游说下，李嘉诚、郭鹤年、陈启宗等香港企业家先后共捐资超过 1.5 亿元人民币。他与香港晨兴集团主席陈启宗 1998 年发起召开世界华人数学家大会，每三年举办一次，会议专门设立晨兴数学奖，以奖励 45 岁以下取得杰出成就的华人数学家。2007 年 7 月 26 日，丘成桐个人捐资 100 万元人民币，在中科院晨兴数学中心成立以他父亲名字命名的“丘镇英基金会”，用于资助世界顶尖数学家来晨兴数学中心举办讲座和从事学术研究。2007 年 12 月，丘成桐教授与泰康人寿保险股份有限公司联合设立“丘成桐中学数学奖”，美国 John Templeton 基金会也给予为期三年的赞助。该奖项面向全球华人中学生，舍弃试卷和标准答案，学生的作品以研究报告的形式提交。

五、回国任教

一些在国外著名大学任教的名教授放弃国外优越的研究条件，纷纷回到国内任教，如杨振宁、潘毓刚、林家翘等。

杨振宁，美国科学院院士、诺贝尔物理学奖获得者。1948 年，获芝加哥大学哲学博士学位，后任芝加哥大学讲师、普林斯顿高等研究院教授等职位。1993 年，他担任香港中文大学数学科学研究所所长，1998 年任清华大学教授。1971 年夏，杨振宁回中国访问，他是美籍知名学者访问新中国的第一人。他在促进中美文化交流和中美人民互相了解，推动中美人才交流和科技合作等方面做出突出贡献。2003 年，杨振宁正式定居清华园。从 2004 年 9 月份开始，他在清华大学为物理系和基础科学班大学一年级学生用英文讲授普通物理。同时他还在清华大学带研究生。

潘毓刚，美国著名大学波士顿学院化学系终身教授、享誉世界的化学家。2001 年，潘毓刚在波士顿学院化学系带完最后一名博士生，就宣布不再带学生，而选择回中国授课。2005 年 3—7 月，他在暨南大学开设课程，在国际学院担任全英教学的“医用基础化学”“无机化学”等本科课程，以及化学系研究生的“量子化学”等课程，暨大开出的条件是月薪六千。他没同意，“一周十课时全部免费，工资都拿来补助贫困生!”2005 年 9 月，他在汕头大学为研究生开设一门必修课，为物理系、化学系、生物系所有一年级的学生合起来上“化学导论”本科基础课，也是分文不取，全部用于资助贫困学生。

林家翘是国际公认的力学和应用数学权威。2002 年 8 月，他回国后定居清华大学，创建清华大学周培源应用数学研究中心，并担任该中心名誉主任。回到清华后，他在每周一和周四的上午，都要去周培源应用数学研究中心上班。他曾经说过：“我这次来，就是因为一句话，帮清华走向世界第一流大学。我觉得这个可以做。”他的目标是要让清华的应用数学站到国际最高水平，他的心愿就是让清华大学理学院能够恢复到当年的辉煌。

“文化大革命”之后，中国的科技事业除了国防科技之外，大多面临断层的局面；而中国科技界与国外联系中断近 30 年，已经落后于国际先进水平。华人科学家积极促进中外学术交流，创造条件，让中国的研究生到海外学习，这些学生学成归国之后，带动了中国科技的发展，为中国科技发展做出了巨大贡献。

第十六章 保卫奥运圣火

2008 年北京奥运会圣火传递是一件国人难以忘怀的事件。当年 3 月 24 日，奥运圣火在希腊奥林匹亚点燃，而后开始了在第 29 届奥运会的传递旅程。火炬在中国境外传递 22 个城市，境内传递 116 个城市和地区。在圣火传递过程中，“藏独”分子抢夺圣火，刻意破坏。为此，海外华人华侨开展了声势浩大的保卫圣火运动，保证了圣火传递的圆满完成。

一、“藏独”分子阴谋破坏圣火传递

4 月 6 日，北京2008 年奥运会火炬传递到伦敦。在伦敦，有人想趁圣火传递之机搞些破坏活动已不是秘密。英国媒体之前就纷纷报道说，有包括“自由西藏运动”等在内的六个组织可能会进行破坏活动。预感到“藏独”等破坏分子一定不会放过这样的“机会”，英国留学生自发组织了“声援伦敦圣火”的活动。参与活动的留学生及爱国人士逾千人，其中许多人是从曼彻斯特、谢菲尔德、纽卡斯尔、伯明翰甚至是北爱尔兰等地赶赴伦敦集合的。

上午 10 时 30 分，奥运圣火从温布利体育馆开始传递，历经七个多小时抵达位于东伦敦格林尼治的千禧宫，全长约50千米。在此过程中，少数“藏独”分子试图干扰破坏。先是有一名“藏独”分子试图抢走火炬，然后又有两名“藏独”分子企图扑灭圣火，此后又有数名“藏独”分子试图阻拦火炬传递，但英国警方迅速制止了这些干扰行为，使火炬按时传递至终点。

当天下起纷飞大雪，一直到当地时间中午才停，但这丝毫没有浇灭学生们的爱国热情和支持奥运的决心。留学生们高举着写有“反对神圣的奥运政治化”等横幅，齐声喊着“我们热爱和平，热爱奥运”的口号，嘹亮的国歌从人群中反复地被唱响。整个过程中留学生们都保持了高度的克制，没有与“藏独”分子发生任何冲突。中国驻英大使傅莹也从车窗中向沿途声援圣火传递的留学生们竖起了大拇指。

4月7日，奥运圣火抵达巴黎。在法国的中国留学生也已经做好了迎接圣火的准备。他们从中国订购了一批国旗，在圣火途经之地免费发放给参与者。该活动章程中还特意提道：“无论面对行人、媒体，还是异议示威人群，都要保持微笑，展现中国人的良好风度。”一位在法国巴黎留学的中国留学生在接受《环球时报》记者采访时表示，对于圣火的即将到来，当地留学生已经迫不及待，“许多人兴奋得睡不着觉”，“希望能展现华人热爱和平、友善的面貌”。

但是，圣火传递途中仍然受到“藏独”分子的干扰，途中五次熄灭。这一天，全世界都目睹了轮椅火炬传递手金晶的“剑客”本色。在金晶传递火炬途中，多次遭到“藏独”分子冲击和抢夺火炬。坐在轮椅上的击剑手金晶几次与“藏独”分子短兵相接，用自己的身体护住火炬，没有让“藏独”分子得逞。旁边的工作人员、留学生纷纷围上去保护金晶。“藏独”分子暴力抢夺中国残疾运动员金晶手上的火炬未遂后，进而又使出种种卑鄙手段，冲击圣火传递队伍，辱骂爱国留学生、撕毁五星红旗。让人难以理解的是法国一些媒体的态度，《费加罗报》和《解放报》等媒体对此事幸灾乐祸，唯恐天下不乱。

金晶遭遇“藏独”分子袭击，紧紧将火炬抱在怀中

二、世界华人反“藏独”游行

北京奥运圣火在欧洲传递时频受干扰，激怒了海外华人。华侨和留学生自发行动起来，反对“藏独”势力干扰圣火传递，吹响了民间保卫奥运圣火的“集结号”。网友们在网络上表达自己爱护圣火的感受，交流经验。日本、韩国、印度等地的留学生也发帖表示要护送火炬。制作爱国T恤衫、团购国旗和横幅等，都在网络上进行。一家网络社区还提议速递国旗至海外。网友反应热烈，来自韩国、德国、新加坡、澳大利亚的网友们纷纷跟帖找联系人，希望在最短的时间内拿到国旗。“是时候我们连成一体，亮出中国人最有力的回击!”“我们可以放弃生命，但决不会放弃一寸土地!”长达近七分钟的说唱歌曲《龙啸——对藏独

的怒吼》已经被网友们热捧为“2008 年最好听的网络歌曲”。

许多海外华人留学生呼吁联合起来抗议“藏独”势力。华人留学生们希望通过抗议活动，让更多的民众认清达赖分裂中国的真面目，西藏永远是中国的一部分。4 月 9 日，美国杜克大学的华人留学生们自发组织了反对“藏独”、支持奥运的游行。留学生们通过自己的行动捍卫北京奥运，并告诉大家奥运是竞技场不是政治舞台。在 YouTube 视频网站上，记者看到一段华人留学生向外国同学讲解西藏情况的视频。事实上，在每次华人留学生举行的护送火炬活动中，他们都准备了相应的图片和文字资料。在天涯论坛上，流传着一个藏族老人与“藏独”分子辩论的故事。在与此相关的视频中，有一个片头是：一位勇敢的藏族老人在旧金山指责“藏独”分子——让一位藏族人告诉你真实的故事。

澳大利亚、加拿大、德国、美国、英国的华人相继举行多场爱国游行。4 月 13 日，在澳大利亚两个最大的城市悉尼和墨尔本，同时进行了华人的爱国和平游行活动。据当地警方估计，墨尔本和悉尼的游行人数最少都在五六千人。这次游行完全是华人自行发起、组织的。大家通过中文论坛、口口相传、张贴海报等多种形式进行宣传。13 日实际到场数千人，大大超过了警方预计的 500 人，因此警方不得不临时加派警力。游行人群自悉尼唐人街附近出发，最后到达海德公园，全程路线都是在最繁华的悉尼市中心。澳大利亚媒体对这次游行进行了报道，其中澳大利亚十台的新闻称，从这次游行的规模来看，支持“藏独”的还是少数。实际情况也确实如此，大家事先本来都做好有“藏独”分子捣乱的准备，但实际在游行过程中，并没有看到多少真正的“藏独”分子。整个游行都是在和平、有序的情况下进行的。

加拿大并不参加圣火传递活动。然而，加拿大华人 4 月 13 日也在渥太华举行“宣传西藏真相，维护中国统一”的大型集会。上午 11

时，参加集会的人群已经从渥太华的大街小巷涌向国会山庄。中午 12 时 30 分左右，来自多伦多的数十部大旅游巴士鱼贯驶近国会山庄，受到渥太华参加集会华人的热烈欢迎。尽管多伦多声援渥太华集会组委会在筹备过程中受到种种阻碍，但是爱国热情可以冲破一切障碍。侨胞们的热情给了组委会巨大的支持，加上财经界名人唐炜臻在关键时刻个人租下 33 部巴士的义举，使集会得以顺利举行。乘坐旅游大巴加上自驾组团的人士多达 3500 人，加上渥太华本身的 1500 人，和蒙特利尔 300 多人，集会的华人超过 5000 人。英文媒体 CTV 的报道为六千多人，为加拿大华人历史上的壮举。

加拿大华人在渥太华国会山前的集会

三、奥运火炬的顺利传递

当地时间 4 月 9 日奥运圣火开始了在美国旧金山的传递活动。当天下午 1 时，圣火点火仪式在旧金山麦科维海湾举行。中国前游泳奥运冠军林莉跑出第一棒后，旧金山市政府和警方临时改变传递路线，不再按原计划经过第三街和 AT&T 棒球场，而由专车将林莉和其余火炬手运送到十余个街区以外的市政府旁的凡奈斯大街。市府华裔行政官李孟贤和另外一位火炬手从那里起步并开始传递，其余火炬手以两个或三个并跑的形式经过联合街、海湾街，绕过梅森堡后转向马林纳大街。最后由 74 岁的前旧金山市长布朗、沃尔克和女选手科芙琳三人共同跑完最后一棒。下午临近 3 时 30 分，火炬传递在进入金门大桥前的公路引桥上顺利结束。

旧金山华人华侨组织了声势浩大的欢迎队伍。起点站、沿途以及原定的终点站到处可见五星红旗和奥运五环旗。人们一遍遍高唱《义勇军进行曲》和《歌唱祖国》。随着奥运火炬传递，每到一处，当地华人、留学生都会将现场图片和护送火炬的过程详细记录下来。一位网友在水木清华上发帖，名为“旧金山保卫战”，详细记述了赶赴旧金山护送火炬传递的过程：“一路上想着美国各地的华人都正从四面八方赶来，内心就很自豪很激动。”他说：“总有种东西能把我们团结起来，总有种东西能让我们乐意为她浴血奋斗，这就是我们伟大的祖国！行程八九小时到达旧金山，然后 12 时到旅馆，早上 4 时要起床去占场地。”现场数千人聚集，其中也包括“藏独”分子。这位网友和他的同伴们在现场挥舞国旗，并向不明真相的美国人解释。从早上 6 时到下午 4 时，他们一直坚持守在现场，等待火炬到来。在文章里，这位网友说出了自己的感受：“也许是身在海外，才更能体会到祖国这个坚强的后盾。这次事件让很多海外人员找到了内心那个永远的牵挂。”

下午近 5 时，闭幕仪式在旧金山国际机场举行。中国驻美大使周文重、北京奥组委执行副主席蒋效愚、旧金山市长纽森、美国奥委会主席尤伯罗斯以及国际奥委会主席罗格的代表等共同出席仪式。周文重大使发表讲话，对旧金山市府和人民的通力合作表示感谢。他说：“北京奥运圣火在这里传递了友谊、和谐和团结。”旧金山市长纽森说：“北京奥运圣火顺利传递，体现了奥运的团结精神。为了保障每一个人的安全，我们临时改变了路线。我特别要感谢旧金山警方，他们保障了今天的传递顺利安全地进行。”

澳大利亚当地时间4月24日8时55分，北京奥运圣火开始了在澳大利亚首都堪培拉的传递。这是其在境外传递第15站。这也是圣火在大洋洲唯一停留的一站。澳大利亚首都地区首席部长斯坦霍普、澳大利亚奥委会主席科茨、北京奥组委执行副主席蒋效愚和中国驻澳大利亚大使章均赛以及当地上万名观众参加了火炬传递起跑仪式。著名的土著青年领袖、26岁的塔尼娅·梅杰从北京奥组委执行副主席蒋效愚手中接过火炬，跑出火炬传递的第一棒。

堪培拉“藏独”分子的发言人声称，他们已经做好准备，一定会举行强有力但是非暴力的抗议活动。鉴于奥运火炬传递前几站的情况，澳大利亚圣火传递的负责人向媒体承认，他们感到十分担忧，正密切关注奥运圣火在每一站传递的情况，并将制订严密的计划。

由于堪培拉只是澳行政中心，人口稀少，华人相对也较少，堪培拉以外的在澳华人就自发行动起来，他们以集体租用大巴、结伴自驾车等形式于24日从全澳各地赶赴堪培拉，迎接圣火的到来。《环球时报》驻澳大利亚特派记者李渊介绍说，在23日晚上11时的时候，澳大利亚国立大学的中国留学生们都还在开会，讨论部署火炬传递过程中的具体细节，“他们当时就决定今天凌晨两点就组织学生，抢占火炬传递路线上的‘有利地形’，不让‘藏独’分子占得先机”。堪培拉当天的天气特别晴朗，温暖的阳光照在人们喜悦的脸上。和解广场到处都是中、澳两国国旗，还有嘹亮的歌声，已经成为一片欢乐的海洋。总共有来自澳大利亚各地的两万余名华人华侨、留学生和中资机构职工来到堪培拉，为奥运圣火加油助威。

为了保证圣火接力顺利完成，澳大利亚动用了大量警力。在圣火传递沿途，有极少数“藏独”分子闹事，但很快被当地警方制服。几名闹事者被刑拘。“藏独”分子的阴谋再一次破产。当地时间 24 日 11 时许，澳大利亚著名游泳运动员，有“飞鱼”之称的伊恩·索普在观众的欢呼声中，手持火炬完成传递，点燃了象征和平、友谊的奥运圣火盆。北京奥运圣火第 15 站境外传递顺利完成。

完成了国外的传递程序后，奥运火炬于 5 月 1 日回到北京。5 月 2 日，它在香港传递，揭开了在本土各大城市传递的序幕。与此同时，奥运百日倒计时业已启动，北京为此举办了盛大的纪念活动。

第五编 05

撤侨行动

本编序

新中国的建立确实使海外华侨看到了中华民族振兴的希望，激起他们的爱国热情。在印尼，各大城市华侨在1950年国庆之日均举行群众大会和游行。仅雅加达就有35000人参加。1950年9月，中国驻印度大使袁仲贤将军抵达印度加尔各答时，1000多侨胞及华人社团的代表在烈日下迎接。菲律宾、日本、新马泰等地的华侨都对新中国充满信心。他们相信，有新中国作为后盾，他们在侨居国的地位将会大大改善。中侨委主任何香凝认为，“海外华侨在世界上的地位，因此会提高一步，各地民族的人民对待华侨，无疑也会进一步亲密友爱”。

然而，事实并不乐观。华侨在政治上认同新中国，行动上配合中国政府的号召，激起了当地国政权的恐慌。迫害华侨的事件非但没有减少，反而在东西方冷战的背景下愈演愈烈。1949—1954年，不断有华侨被迫害和被遣返。新加坡和马来联邦大肆拘留和遣返华侨，泰国、日本等国也不断驱逐华侨，难侨被迫返国者不绝于途。泰国、南越、菲律宾等地则以反共为名迫害华侨，即使与中国有邦交的印尼、缅甸等国也时有迫害华侨的事件发生。

中华人民共和国成立后，在理论上继承了国民政府对华侨的权利和义务，即以血统主义为原则，海外中国人都是中国的国民，都应该首先对中国政府尽义务。1953 年中国政协在庆祝国庆时的口号是，“国外华侨团结起来，爱护祖国，保护自己的正当权益”。同时，中国政府则对华侨有保护责任。1949 年，中国人民政治协商会议通过的《中国人民政治协商会议共同纲领》规定，“中华人民共和国和人民政府应尽力保护海外华侨的正当权益和利益，保护归侨、侨眷的合法权利和利益”。

1954 年后，中国政府对海外华侨的政策发生巨大变化。其政策导向从号召华侨在政治上认同、经济上协助新中国转变为鼓励华侨加入当地国籍，效忠于当地国家。保有中国国籍者则尽量不介入当地政治活动。政策的目标在于鼓励华侨归化于当地。这一政策转变的原因在于新兴的民族国家，如印尼、印度等国，对于华侨的效忠问题非常敏感。此外，中国政府缺乏必要的外交途径以及相应的军事和经济实力保护在国外受到迫害的华侨。

1955 年，周恩来总理在率团参加万隆会议期间，同印尼政府签订条约，要求当地华侨在印尼及中国国籍之间选择其一。中国政府希望看到华侨加入当地国籍，解决双重效忠问题。马来亚联邦对此表示支持，而印尼政府则无意让华侨成为印尼国民。印尼的土生华人占到 70% 以上，直到 1965 年，仍有超过 150 万印尼华侨持中国国籍或无国籍。缅甸、菲律宾等国也对华侨的入籍设置重重障碍。

东南亚华侨所遇到的最大问题并不是国籍问题，而是当地民族的排斥。特别是当地民族独立后，民族主义情绪高涨，对华侨的排斥和迫害比起原来的殖民政府有增无减。1959 年，印尼颁布法令，禁止华侨从事零售业，并需要在指定区域居住，数十万华人因此流离失所，失去生计。1965 年，又爆发大规模的排华行动，对华人烧杀抢掠，无所不至。1962 年在中印边境冲突后，印度将阿萨姆邦和西孟加拉邦的 2000 多名华侨全部拘捕，投入集中营。面对印尼和印度的大规模排华行动，中国政府宣布，随时准备接纳不愿继续留在侨居国，也不愿归化于当地的华侨华人。据统计，在1959—1965年间，有11万多华人侨民回国，而多数的华侨仍然留在侨居地。

改革开放以后，中国的经济力量和国际影响力得到了前所未有的提高。但是随着国际上“中国威胁论”的出现，以及现实的中国的国际贸易摩擦问题，国外华侨的利益受到了不同程度的冲击。1997年，亚洲金融风暴发生后，印尼是受危害最大的国家之一，出现经济政治危机，1998年发生“5月排华暴乱”。这场大规模的排华运动，夺走了数千名华人的生命，数以千计的华人社区的店铺遭到摧毁和焚烧。除此之外还有2003年7月的菲律宾马尼拉的排华宣传和2006年发生在所罗门群岛的排华事件。

撤侨是一个国家的政府通过外交手段，把侨居在其他国家的本国公民撤回本国政府的行政区域的外交行为。一般来说，由于所在国发生了诸如战争、军事政变、政治动乱或骚乱以及特大自然地理灾害等严重危及本国公民的海外安全时政府会组织撤侨，即通过动用各种资源、采取各种方式撤回或接回所在国的本国公民。撤侨行动是一国履行保护本国公民安全的一项基本职责。由于需要撤离的这些公民是在别的国家，因此，撤侨行动需要一国政府具备良好的应变处理能力和素质，并以强大的国家实力作为背后的支撑因素。同时，快速、高效的撤侨行动也在一定程度上，彰显了一国的国家实力和良好的国家形象。

以往“撤侨”一词更多地成为西方发达国家的专有名词。但是随着国力的提升，中国也具备了及时撤离本国侨民的条件。撤侨行动也成为维护海外中国公民人身和财产安全的一种重要手段。进入21世纪以来，中国政府采取了近20次的撤侨行动，如2006年4月所罗门撤侨，

7月黎巴嫩撤侨；2008年1月乍得撤侨；2010年1月海地撤侨，6月吉尔吉斯斯坦撤侨；2011年阿拉伯之春爆发，中国从埃及和利比亚两度撤侨；2015年2月则有也门撤侨。撤侨行动也让中国人民确实感受到了国家的强大，也让中国人民感到无比的自豪。

第十七章　1960 年印尼撤侨

1959 年至 1960 年，印度尼西亚出现了反华、排华事件。在反排华斗争中，党中央做出了大量接待安置归国华侨的指示。各省坚决贯彻中央指示，做好接待安置工作，使华侨在异国他乡遭受迫害后回到祖国，受到热情的关怀和照顾。广大归国华侨深深感受到祖国的温暖，祖国是他们最强大的靠山，同时，对于广大海外华侨也起到了极大的鼓舞作用。

一、印尼政府的排华活动

自 16 世纪末印尼沦为荷兰殖民地后，移居印尼的中国人日益增多。他们出国是为生活所迫，其目的是养家糊口。19 世纪下半叶，荷兰殖民者急需大量劳动力开发这片地广人稀的富饶土地，于是不择手段地从我国福建省和广东省等沿海地区招募和诱骗大批华工到印尼，从事种植业和开采矿产等劳务，使华侨人数激增。孙中山革命初期就在华侨中活动，华侨给予大力支持。革命失败后，一些人流亡国外，去了印尼。日本军国主义侵略中国时，有些人被迫出国，有的也去了印尼。还有一些进步人士遭到国民党迫害、追捕而逃往国外，包括被国民党打散的南方游击队成员，也去了印尼。这些当事人多数已经去世，但他们的后人代代相传，不忘自己是炎黄子孙。1949 年，印尼从荷兰的统治下获得独立，当时华侨的人口已经达到 210 万，其中三分之二以上是在当地出生的。

为了解决当地华人的双重国籍问题，1955 年，中国同印尼签订了条约，规定在印尼的华人须在中国和印尼国籍间选择一种。这对很多当地华侨而言是一个艰难的选择，因为印尼常采取大规模的反华排华政策，华人常常遭受不幸。中华人民共和国成立后，华侨海外孤儿的日子刚刚结束，才感受到了祖国的关怀和温馨，又需要在母国和印尼间做出抉择。但是在进退两难时，当地绝大多数华人选择的是印尼国籍。

由于有经商的传统，印尼的华侨经济实力相当雄厚，在进出口贸易、加工制造、零售行业都出现了华人的富豪，华人的中产阶级人数也很多。印尼独立之后，当地的民族主义情绪在经济领域开始膨胀，视华侨经济为“殖民时代的残余”。此外，印尼排华还有宗教因素。由于印尼当地普遍的宗教信仰是伊斯兰教，与华人的菩萨、关公、妈祖等信仰不同。一些极端民族主义分子，就用宗教的异端指责来煽动排华。

1959 年下半年开始，印尼政府以振兴民族经济为由，以立法方式开展反华、排华活动。印尼当局大肆煽动国民的排华情绪，造谣说，华侨空手赤拳到印尼来，但现在坐最新型汽车的是华侨，住高楼大厦和最新式洋房的是华侨，上大酒楼大吃大喝的也是华侨。华侨到印尼来进行剥削，过着奢侈享乐生活，而印尼人民则被剥削得饥饿穷困不堪。因此，华侨应自动离开印尼，不然要强逼华侨离开印尼。

1959 年印尼政府突然下令，将面值 500 盾与 1000 盾的大面值的钞票贬值为 50 盾和 100 盾，使得大面值钞票的持有人，一夜之间就损失了 90% 的币值，而华侨多数都持有大面值的钞票。同年 8 月印尼政府又突然降低印尼的汇率比价，并断然冻结了存款，规定凡是银行存款在2.5万盾以上者其超额的部分就要冻结90%，作为政府发行200亿盾债券的基金，从而使华侨经济又遭到了重创。

苏加诺又在1959年11月颁布了第10号总统令，明令从1960年起禁止华侨在印尼县级以下的地区经商，这道法令又被某些地区的军事掌权者，发展为不准华侨在县级以下的地区居住。当时印尼华侨约250万人，不少人在乡间做小生意。这项法令使得50多万华侨失去了生计。

二、中国政府的应对措施

对印度尼西亚出现严重的反华、排华活动，中国政府除了多次向印度尼西亚政府提出严正抗议，要求印尼当局立即停止一切排华活动外，还本着和平共处的五项原则，谋求与印尼协商解决一切有关华侨问题。中国主动提出遣送华侨回国的问题，这不仅出于对华侨的关怀，也表明中国政府对于解决华侨问题的积极态度。而印尼外长在他12月11日的复信中，虽然不敢正面拒绝中方建议，但是仍试图无理狡辩，为继续排华和阻挠中方建议的实施制造借口。

鉴于印尼当局的态度，中国党和政府充分估计到了即使谈判开始，也不能设想印尼当局的反华、排华活动就会从此停止，更不能设想在印尼的华侨问题就会一劳永逸地解决。于是，中共中央发出了《关于准备大量接待归国华侨的指示》，指出：为了有效地配合外交斗争，在印尼继续鼓励华侨坚持反迫迁的自卫行动，并确定在1960年内，接待安置60万归侨。为此，中央指示国内有关省、市、自治区和有关部门认真做好迎接和安置归侨的工作。之后，中国政府开始派船到印尼接运华侨回国。新中国第一次大规模海外撤侨行动开始了。

因为历史原因，中华人民共和国成立后连一艘自营远洋商船也没有，第一次撤侨行动最初只能通过租用香港地区、东南亚和苏联的船只开展。1960 年 2 月 29 日，新中国首次租派的接侨商船“美上美号”“大宝康号”“福安号”“海皇号”满载着在印尼遭受迫害的 2000 多名华侨回到中国。

挂英国国旗的“大宝康”轮

1961 年 4 月 28 日，“光华轮”从广州黄埔港出发，前往印尼接运侨民。作为第一艘挂五星红旗的远洋船舶，“光华轮”的首航受到了各方面的重视。当时复杂的海上局势，为避免国民党军舰扰袭，“光华轮”携带了轻机枪等自卫武器，还有一批海军战士着便衣作为船员执行保护任务。此外，南海舰队也对“光华轮”采取了特殊的保护，人民海军军舰在“光华轮”途经区域活动待命。“光华轮”经过 6 天航行于 5 月 3 日抵达目的地印尼首都雅加达。华侨在中国驻印尼大使馆和侨团组织下依次登船，5 月 17 日，“光华轮”将第一批华侨安全运抵黄埔港，顺利完成了任务。此后，“光华轮”先后 13 次到印尼接运华侨。

三、归侨的安置工作

在安置印尼归侨方面，我国政府提出了以“集中为主，分散为辅”的方针，于1960年2月2日颁布《国务院关于接待和安置归国华侨的指示》，成立中华人民共和国接待和安置归国华侨委员会，并发布了相关规定。同时，任命相关负责的领导接待并安排归国的印尼华侨，在一些省市的入境港口设立接待机构，在广东、云南、福建广西等地扩建和新建国营华侨农场，集中大量地安置华侨。如有特殊技能者，则另外安排。回国的华侨学生和具有培养条件的社会青年，分送各学校学习。一些年老无亲人依靠的归侨，则安置在归国华侨养老院。

广东是全国的侨乡重点区之一，新中国成立后十年时间，全省已接待了30万华侨，有不少安置到国营华侨农场和国营农场安居乐业。1959年12月20日，党中央《关于准备大量接待归国华侨的指示》发出后，广东省委迅速传达贯彻中央指示，并于28日发出《关于贯彻〈中央准备大量接待归侨指示〉的通知》，要求全省各地党组织，立即采取紧急措施，迅速做好准备工作。1960年2月4日，中华人民共和国接待和安置归国华侨委员会驻广州办公室正式成立，并于即日开始办公，广东省接待和安置归国华侨委员会办公室也同时成立。为了工作方便起见，两办公室合署办公。广东省接待和安置归国华侨委员会主任委员由省委书记文敏生担任，在黄埔、湛江、汕头、海口等四个港口设立了接待机构。

1960年2月底，第一批被迫害的归国华侨约2000人乘中国派往印度尼西亚接运华侨的船只抵达广州黄埔港码头。中侨委主任廖承志、副主任方方，广东省省长陈郁等领导同志以及广州市3000多名群众，到码头热烈欢迎。第二天下午，在广州中山纪念堂举行了有5000多人参加的“广东省各界人民欢迎在印度尼西亚被迫害归国华侨大会”。廖承志在会上致欢迎词，代表党中央、国务院和全国人民热烈欢迎归国华侨回国参加社会主义建设。

继接待第一批归国华侨后，广东五个口岸也陆续接待了多批归国华侨。口岸的接待工作在广东省委的直接领导下，各有关部门大力支持，密切配合，把归侨的衣食住行安排妥善。归侨抵达口岸，有首长前往欢迎，有人发放衣服被褥，病人孕妇得到护理医疗，经济有困难的给予补助，切实解决归侨实际困难和问题。工作人员扶老携幼，端茶送饭，帮助拿行李，洗衣服喂小孩等，使归侨一踏进国门就受到热情的款待和照顾。许多归侨深为感动，热泪盈眶，深感强大的社会主义祖国是华侨的有力靠山。

为了妥善安置归国华侨，照顾他们的生活习惯，便于教育和发挥他们的特长，广东根据中央规定的“集中为主，分散为辅”的方针，对归侨分别不同情况，做了如下的安置：第一，根据广东海南岛和雷州半岛资源丰富、当时正在大规模开发的实际，省委决定以这两个地区为安置归侨的主要地区。把归侨分别安置到国营华侨农场和国营农场。在农场统一领导下，分别核算，既照顾归侨的特点，又能使归侨很快安居下来投入生产。第二，对愿意返回原籍与亲人团聚的归国华侨，各地政府和人民公社都妥善安置，调动他们的积极性，为发展人民公社做出贡献。第三，归国华侨技术人员和工人，则根据国家需要和个人条件，分别安置在各地工矿企业工作。第四，对归侨学生和有条件就学的职业青年，先辅导补习一个时期，再依其学龄和文化程度，分别安排到普通中学或中等技术学校学习。其中有经济困难的，给予助学金补助。第五，对年老无依靠的归国华侨，各华侨农场附设敬老院，妥为安置，以享晚年。至于患有慢性病的归侨，医疗机构尽力治疗，争取早日恢复健康，参加工作。

1960 年，广东共安置归侨两万多人，大部分归侨被安置到省内 18 个国营农场和 6 个国营华侨农场。归侨们在各地安居乐业，积极工作，以实际行动报效祖国。

归侨在广东花县的华侨农场劳动

广西作为安置印尼归侨的主要地区，政府负责人深刻领会国家的方针政策与安置原则，决定在武鸣县内以原广西华侨农场为轴心，把农垦厅管辖的正安农场、武鸣县的宁武农场、里建公社以及锣圩、宁武公社部分大队共 18 个大队合并成立武鸣华侨农场。据资料显示，从 20 世纪 60 年代初期开始接受第一批印尼的归侨开始，在相关机构的领导指挥下，武鸣华侨农场接受超过一万名归侨。在经济发展遇到问题、粮食供应紧张的情况下，武鸣华侨农场实施政府“一视同仁，适当照顾”的方针，竭尽全力妥善保障归侨的基本生活需求。为了扩充场部宿舍，组织人员日夜运输基建物资，以求尽快解决归侨们的住宿问题。在生活上，每批新归侨到场后，领导都亲自把生活必需品送到各家各户。

对于特别贫困的归侨，农场会适当给予生活补助。生活补助费前三个月人均每月6~8元，三个月后人均每月4~6元。适龄归侨则成为农场建设的主力军，由政府帮扶给予土地进行亚热带农作物种植，成为自食其力的田间作业者。农场投资建设了华侨幼儿园和小学，用以解决华侨子女的教育问题。而归国的华侨学生则被送到中等补习学校和相关的工业和农业技术学校学习。每逢节假日，政府组织电影队到各居民区放映电影，华侨居民区俱乐部组织各种球类比赛，使侨民逐渐熟悉环境、安心生活。同时，在各居民区修建医疗卫生所为归侨提供服务，医务人员尽心医治患有慢性病的归侨，使其早日恢复。此外，政府还开设敬老院，以妥善安置年老无依的归国华侨，让他们老有所养、安度晚年。

到1961年秋，中国政府共接回6万余人，主要安置在广东、广西、云南、福建等地。新中国创造“华侨农场”模式，实施“集中安置为主，分散安置为辅”的方针，长期给予归侨政策优惠和物资补助。即使在60年代中国最困难的时期，仍对归侨不离不弃，让他们共同经历共和国从经济困难时期到改革开放的社会巨变。

第十八章 从所罗门撤侨的日日夜夜

所罗门群岛是南太平洋的一个岛国，首都霍尼亚拉，是英联邦成员国之一。所罗门群岛共有超过990个岛，属美拉尼西亚群岛，陆地面积2.84万平方千米，西南距澳大利亚1600千米，西距巴布亚新几内亚485千米。人口约60万，其中美拉尼西亚人为其主要民族，此外还有少量白人、华人以及其他族裔。

一、祸起萧墙，无辜遭难

所罗门群岛是一个较落后的地区，该地区主要以出口木材、椰子干、可可为主，经济发展速度缓慢。在首都霍尼亚拉最有钱的是白人，他们多在银行等部门工作。华人有一千多人，多来自广东省开平市。他们主要聚集在霍尼亚拉的唐人街附近。华人因勤劳、善经营店铺，也成了当地的富人。然而，华人社区的繁荣引起了当地一些人的怨恨。他们认为，华人控制了首都的经济。

2006年4月18日，所罗门群岛议会推选前副总理斯奈德·里尼出任政府总理，引起反对者不满。他们指责选举结果早已预先安排好，要求重新举行选举。数百名示威者当日在议会大厦、总理府和市中心商业区等地举行抗议。抗议活动随后演变成骚乱，位于议会大厦附近的“唐人街”成为袭击目标。许多华人商店被歹徒洗劫一空后付之一炬，多辆汽车被烧毁。一些歹徒甚至冲进华人的住所，抢走值钱的物品后将房屋烧毁。唐人街上空浓烟滚滚，哭喊声一片。大部分华人在歹徒到来前已经逃离，但是至少有一名华商在骚乱中受伤。

所罗门警察总督谢恩·卡斯尔斯说，别有用心的歹徒利用抗议活动乘乱打劫，商铺云集的唐人街成为他们的首要目标。卡斯尔斯说，维和警察利用“化学物质”试图驱散示威者，并且在唐人街及周围地区设了路障，但是由于警力严重不足，警方根本无法完全控制局势。歹徒面对大批警察时迅速散开逃逸，但很快又在另一个地方纠集，袭击新的目标。所罗门政府发言人约翰逊·霍尼马埃 19 日说，唐人街约 90% 的建筑物被毁，整个地区处于无政府的混乱状态。中国侨民不仅遭受了巨大的财产损失，而且生命安全面临严重威胁。他们四处逃难，有些来不及从正门逃走的，被迫从楼上跳进河里逃生。许多华人华侨不得不前往医院、教堂、警察局等地避难。

所罗门群岛唐人街遭袭后的景象

这次骚乱是自2000年以来所罗门群岛发生的最严重的针对华人华侨的暴力事件。2000年6月，所罗门群岛内战升级，一个名为“马莱塔鹰”的武装团体占领了首都霍尼亚拉，软禁了总理乌卢法阿卢，全国处于无政府混乱状态，当地华侨华人遭到严重冲击。中国政府紧急撤侨，派出南方航空公司飞机接回了100多名华侨。这次骚乱则比上次严重得多。

二、紧急行动，积极护侨

中国与所罗门群岛尚无外交关系，亦无任何驻所机构。涉所事务由驻巴布亚新几内亚使馆代管。侨胞的安危重于泰山。4月18日深夜，接到当地侨胞报告后，驻巴新大使魏瑞兴立即召集会议，研究并采取应对措施，并启动使馆应急机制。在报告国内的同时，制定了“想尽一切办法，采取一切措施，确保我侨民生命安全”的工作方针。全体馆员分头行动，全力以赴，立即开始了紧张的护侨工作。

4月19日，外交部启动应急机制。温家宝总理作出“确保我侨民安全”的重要指示。外交部指示驻南太有关国家使领馆立即采取护侨措施，并商请澳大利亚、新西兰和巴新政府必要时提供帮助。驻巴新使馆参赞随即向所罗门警察总署负责人进行了交涉，要求其保护中国侨民的人身安全，并与“驻所罗门援助团”、澳、新驻所高专署等联系，请其为我侨民提供协助。考虑到侨胞四处躲避危险性较大，难以给予必要的保护，领事部工作人员通过电话分别与在教堂、医院、警察局等各处避难的侨胞联系，设法将500多人集中安置在所罗门警察总部，并请红十字会等机构协助为侨胞提供生活必需品。同时，使馆根据外交部指示决定派两名驻巴新的外交人员以最快的速度赶赴霍市看望侨胞，为他们提供直接帮助。

4 月 20 日，骚乱暂时停止，但所罗门政坛仍不平静，局势依然动荡。失去产业的侨胞们短时难以恢复经营活动，要么无家可归，要么有家难回，而长期待在警察总部也不是办法。当日，经中国驻新西兰使馆协调，新政府允许部分持有效证件的华侨华人搭乘其军机撤离。中国驻巴新使馆已优先安排部分老、幼、病侨民搭乘新军机离所赴新。另有部分我侨民搭乘澳军机或商业航班离所抵澳。

4 月 21 日一早，两名驻巴布亚新几内亚外交官携带饼干、方便面、湿纸巾及中国援助巴新医疗队专门送来的防暑、防蚊、消炎等药品飞赴霍市。昔日霍市唯一的繁华地段——唐人街，已经仅剩数栋房子孤零零地立在大片冒烟的废墟上，拥有六七十家商铺的繁荣商业社区已荡然无存。这次劫掠和烧掉的不仅是中国侨民多年苦心经营的产业，还有当地政府每年 75% 的税收收入以及数千人的工作机会。霍市百姓吃的、喝的、穿的、用的，基本上均到此处采购。人们预测，霍市不久就会缺粮、缺生产生活用品，物价将飞涨。

在警察总部避难的侨胞身体状况总体尚可，但食物和饮水有时供不上，卫生状况很差。由于地方狭小，大部分人只能席地而坐。因惊吓和疲倦，再加上天气炎热、潮湿，不少人，特别是老人和儿童出现身体不适，甚至有人精神近于崩溃，失去常态。侨胞们见到使馆官员就是见到了亲人，紧张的情绪有所缓解。有些人甚至回到幸免于难的家中休整更衣，傍晚时分他们又回到警察总部。骚乱后的所罗门电信公司几乎陷入瘫痪，有家的侨胞也不愿待在家里，宁肯到警察总部忍受炎热和拥挤。他们图的不仅是安全，还害怕信息不畅，与使馆工作人员联系不上。

在为遭遇不幸的中国侨民提供紧急帮助的同时，使馆早已开始为撤侨预做准备。一方面密切跟踪当地局势和了解侨胞处境，并将有关情况及时报告国内；另一方面，对派政府包机直飞霍市和租用巴新商业包机撤侨等相关事宜预先进行了解，为国内做撤侨决策及时提出具体可行的建议和方案预做准备。

三、果断决策，迅捷撤侨

4月21日夜，国内有关部门再次举行紧急会议。鉴于所罗门局势的不确定因素和中国侨民的危难处境，并考虑到绝大部分侨胞希望尽快离所的迫切愿望，中国政府果断决定，迅速将自愿离所回国的所有侨胞撤离至巴新首都莫尔斯比港，并派南方航空公司包机将他们接回国内。考虑到绝大多数侨胞祖籍广东，而且其中还有20多名香港同胞，国内决定将侨胞先接到广州，并请广东省侨办等有关部门协助接机并分别妥善安置。为协助广东省政府做好各项工作，中央政府派出由外交部、公安部、国务院侨办和国务院港澳办等有关部门组成的联合工作组，由外交部领事司副司长朱桃英率工作组提前赶往广州。

4月22日晨，使馆接到国内撤侨指示。此刻，馆领导清醒地认识到，争取到巴新政府的支持和协助是顺利完成撤侨任务的关键。然而，22日是星期六，按巴新习惯，机关工作人员一律不上班，电话都不接。总理和外长等主要高官都回家乡了，整个巴新首都沉浸在周末的寂静中。在这关键时刻，魏大使果断地直接拨通远在千里之外的索马雷总理电话，说明情况，请求支持。索马雷总理对中国侨民的不幸遭遇深表同情，对中国政府的果断决策和撤侨安排表示高度赞赏和积极支持。在他的指示下，总理府和外交与移民事务部立即成立了特别工作小组。中午，魏大使紧急约请外交与移民事务部秘书长佩普森到使馆，就撤侨的有关技术性问题进行协商。

使馆要在极短的时间内完成落实包机、侨胞出入巴新许可及其食宿、交通、安全保卫、包机到巴新接侨的飞行许可等各项工作，难度可想而知。但使馆想尽一切办法与巴新政府有关部门和单位负责人联系，请其提供便利和必要服务。政务参赞一早就设法找到了巴新航空公司客服部经理毕迪克，请其立即安排与主管包机事务的公司负责人会谈。巴新航空公司是商业运营公司，要安排包机飞往所罗门群岛，就必须对其商业飞行时间做出调整。但该航空公司积极同使馆配合，三小时内即做好了第一架包机的飞行准备。当天下午 2：30，使馆派经商处三秘搭乘第一架次福克－100 飞机飞往霍尼亚拉。中国政府本着“自愿离开”的原则撤离侨民。包机撤侨的对象不仅是持有中国护照和特区证件的人，还包括持有所罗门护照的华人，这在国际上类似的撤侨做法中是不多见的，体现了中国政府对华侨华人的关怀。在包机抵达霍市前，两名外交官根据使馆指示已经将撤离人员组织好，并送到霍市机场。但车队开赴机场的路并不顺畅。红十字会与红新月会国际联合会人员举着旗帜，准备在前头开道，侨胞上了卡车，“驻所罗门援助团”武装警察殿后。但车刚上路却又停了，半天不动。经我外交官询问，原来是红十字会有规定，作为非政府组织不与武装部队一同行动。连日来，红十字会为中国侨胞提供了最为直接的人道主义援助，为他们送水、送饭，还曾为他们提供避难场所。他们的忘我工作精神令人感动，红十字会的有关规定应该得到尊重。但是骚乱人员不懂国际惯例，中国侨民的安全必须万无一失。经过权衡之后，我外交官只得向红十字会人员表示诚挚的感谢，婉拒了他们的好意，要求武装警察护送侨胞赶往机场。

莫尔斯比港饭店屈指可数，安全、卫生、价格适中的饭店更是少而又少。25 日是澳新联军阵亡烈士纪念日，许多老兵要来巴新参观第二次世界大战阵亡烈士陵园，凡是像样的饭店房间均已被预订。为了安排好侨胞的食宿、交通等事宜，在飞机到达前，使馆经商处的同志们几乎找遍了莫尔斯比港所有饭店。前台经理不肯通融的，就找到饭店老板。

他们有些是使馆的朋友，请他们无论如何也得帮帮忙。最后好说歹说分别从四家饭店订到70余套房间。但饭店讲明，24日中午前必须退房。使馆人员做了一块标牌，上书“中国大使馆欢迎所罗门侨胞抵巴新”，每次包机抵达时，均手持标牌迎接侨胞，使侨胞们一到便顿感温暖。

4月22日晚，福克-100包机载着90名中国侨民平安降落在巴新首都莫尔斯比港杰克逊国际机场。魏瑞兴大使率使馆工作人员到机场迎接，并代表中国政府向各位侨胞表示亲切慰问。一位年轻妈妈抱着出生才14天的婴儿流下了热泪。一位80多岁的老人握住魏大使的手说，多亏中国政府及时把侨胞撤出所罗门，否则，我们不知道还要熬多久。在巴新总理办公室副主任辛吉恩和外交与移民事务部副秘书长加罗的现场协调下，巴新移民局官员和机场工作人员很快为侨胞们办好了入境等手续。巴新警察局派出警车将侨胞护送到各酒店入住并派警员守卫。

4月23日上午，使馆派工作人员乘福克-28第二架包机再次飞赴霍尼亚拉。后又派另一名工作人员乘福克-28第三架包机赶去。值得一提的是，两人只携带了外交护照和使馆请求所罗门方面提供便利的公函就踏上了一个与中国未建交国家的领土。在巴新驻所罗门高专的帮助下，他们出入机场未遇到太多的麻烦。为了中国侨民的生命安危，为了将他们尽快撤离，中国外交官24小时内在未办妥入境手续的情况下三进三出一个未建交国，这或许是中国领事保护史上的一项纪录。当日下午和晚上，两架包机分别搭载77名和82名侨胞平安抵达巴新首都莫尔斯比港。

23日下午，外交部从驻澳大利亚、新西兰使馆和驻悉尼总领馆紧急调派的六名熟悉领事业务的同志以最快的速度搭乘同一架班机赶抵巴新。他们一下飞机就投入了紧张的工作，为侨民进行详细的身份登记、核查和颁证等大量耐心细致的工作。23日深夜，使馆接到正在沙特阿拉伯进行国事访问的胡锦涛主席“采取切实措施保护在所罗门侨胞安全，努力帮助他们解决困难，并向侨胞转达亲切慰问”的重要指示。魏大使立即通过电话向奋战在各个饭店照顾侨胞并登记详细资料的工作人员进行了传达，并请他们转达胡锦涛主席对侨胞们的亲切慰问。侨胞们深受感动，工作人员备受鼓舞，也忘记了疲倦，继续各自的工作。

4月23日，在所罗门群岛首都霍尼亚拉，一些华侨华人登上飞机准备撤离

魏大使及使馆工作人员一遍遍地讨论和修改工作方案，天快亮的时候，总算基本安排妥当。上午，馆领导们解决了所有需要解决的技术性问题。工作人员了解了每一名侨胞乘南航包机赴广州的意愿并完成了侨胞的身份核查和制证工作。中午，全体工作人员没顾得上吃饭便开赴机场。下午3：15，福克－28第四架搭载最后一批63名侨胞到达莫尔斯比港。使馆在48小时内租用四架次包机，共将312名侨胞撤离到巴新。下午3：30起，使馆组织住在四个饭店的侨胞陆续汇集到机场前厅，办理登机手续。下午4：50，中国政府派出的南方航空公司波音－777飞机抵达莫尔斯比港。

南航包机起飞前，魏大使登机向各位侨胞道别，再次转达了胡锦涛主席和温家宝总理等国家领导人对各位侨胞的亲切慰问，并祝侨胞们一路平安。侨胞们登机后顿感轻松，气氛活跃，纷纷挥动手中的小国旗，感谢国家领导人和中国政府的亲切关怀和照顾，感谢使馆在其身处困境之时提供真诚帮助并将其迅速撤离所罗门所做的大量工作。

四、劫后余生

4 月 23 日傍晚 6 时，当 CZ322 航班徐徐稳稳地滑停在广州市白云国际机场的跑道上，机上 13 名从发生骚乱的所罗门群岛归来的粤籍侨胞，放下连日来一直悬着的心：终于回家了，平安了！这是自 4 月 18 日当地发生骚乱以来，所罗门群岛首批回到祖国的侨胞。13 名侨胞多为妇女儿童，年纪最大的 47 岁，最小的是年仅 5 个月大的男孩。他们从澳大利亚悉尼搭乘南方航空公司班机直接回国。这次归来，一行 13 人只有两件行李。

“我是广东省侨办的吕伟雄。请大家跟我走！”当侨胞抵达广州白云机场时，广东省侨办主任吕伟雄迎了上去，帮胡美梨拉着仅有的一点行李走在前面。“谢谢，谢谢！我们有信心，祖国一定会帮助我们的！”作为 13 个人的领队，田穗珠激动地站到记者旁边。她要替这老老少少一行人表达对祖国的感激之情！踏上祖国的土地，他们有着共同的感受：真的安全了，可以放心了！

踏出机舱，李玉兰抱紧只有 5 个半月的儿子，百感交集。她说：“从出事到现在，我真不知道这几天是怎么熬过来的，就像做了个噩梦……”李玉兰的家住在离当地唐人街五千米开外。她回忆说，4 月 18 日下午两点多，当地的气氛已有点不妙。有人上门来向他们通报：骚乱发生了！有人在喊“烧华人区”。很快，有人找来了三部车，将所在区的50多个华人分批送到军用机场。随澳大利亚、新西兰侨民一起登上澳大利亚、新西兰军用飞机撤离所罗门，到达澳大利亚昆士兰州汤斯维尔市。在我国驻布里斯班领事馆、驻悉尼领事馆协助安排下，4月22日上午从汤斯维尔市乘机赴悉尼，从悉尼转机回国。

刚下飞机的胡美梨本来很平静，但见到父亲胡岳斌时，心酸得说不出话来。她的丈夫在当地出生，一家三代人一直在经营百货业生意。两年前，她的父亲曾去所罗门帮忙。看着女儿家业越来越兴旺，胡伯本来很开心。但19日早上7时，所罗门一个朋友突然打电话说唐人街被烧了。他赶紧打电话给女儿，胡美梨还安慰父亲："不要太担心，仓库烧了，还有店铺呢。"没想到一个小时后，价值上千万元人民币的家产都给烧光了！亲眼目睹了那场骚乱的胡美梨讲到最后忍不住哽咽。

46岁的颜志强回忆他逃出骚乱的所罗门群岛首都霍尼亚拉时的情况。颜志强清楚地记得，18日下午大约3时，不满政府总理选举结果的抗议人群开始在"唐人街"施暴。他们高声叫喊着，到华人的商店抢东西、焚烧店铺。他晚上开车到当地华人经营的太平洋娱乐城旅馆躲避。但是，这所在当地颇有名气的旅馆也不安全。19日凌晨两点，暴徒开始用石头砸旅馆的玻璃，保安已经无法控制局面。警方的直升机只是在头顶盘旋了几圈就撤走了。天亮时分，警方增援才赶来，守在酒店里面。而手持石头和器械的暴徒已将酒店围住。到了中午，在酒店里躲避的40多人分乘七辆汽车，不顾一切地冲出包围圈逃到机场，当晚便搭乘澳大利亚的军机飞抵澳东北部城市汤斯维尔。19日和20日，共有23名华侨华人分乘澳大利亚和新西兰的军用飞机抵达悉尼。他们每个人都有自己的逃难经历。

一位姓黄的姑娘说，事发时，她同店铺的老板等人躲在商店的二楼，听到外面的人用器械砸开了店门并洗劫了楼下的物品。正在庆幸没有人上楼闹事时，他们却发现房子已经被点燃了。不得已，他们只能从二楼窗户跳出去逃生。她还看见一些人跳下楼后摔伤了。许多逃出“唐人街”的人都到警察总部避难。据说，那里一度有500多名华侨华人。警方和“红十字”会等机构对在这里避难的人进行了照顾和保护，并让中国公民中的部分妇女和儿童率先乘机离开，其中就有黄姑娘。

在汤斯维尔和悉尼，中国领事官员看望了落难者。田穗珠女士22日见到前来机场迎接的中国驻悉尼总领馆副总领事李超时异常激动。她说，在骚乱的时候，她抱定一个信念：“中国政府一定会救我们出去的。”李超告诉他们，中国领导人亲自过问撤侨工作，中国在巴布亚新几内亚、澳大利亚和新西兰的使馆和领馆都已积极展开工作，早已要求有关国家和“红十字”等机构协助保护和撤离侨民事宜。归国的华人大多不明白为什么这次骚乱活动针对他们。但是他们认为这起事件像是“有组织的”，“有政治背景的”，“背后有人煽风点火”。

中国外交官在安排落难侨民回国事宜中表现出的高效率得到澳大利亚同行的赞扬。澳联邦外交贸易部资深领事官员梅利莎女士说，澳大利亚处理类似问题需要至少一周时间，而中国官员在三四天内就能安排在澳的落难侨民回国。

第十九章　利比亚撤侨

2011年2月，利比亚局势急剧恶化，国务院迅速启动国家涉外突发事件Ⅰ级响应机制，从2月22日至3月5日连续12天中，将分布在利比亚各地的35860名受困中国公民全部安全撤出，是中华人民共和国成立以来最大规模的有组织撤离海外公民行动。

一、利比亚骚乱

利比亚地处非洲北部，濒地中海。与埃及、阿尔及利亚等国为邻。1969年9月1日，以卡扎菲为首的“自由军官”组织发动九月革命，推翻伊德里斯王朝，成立阿拉伯利比亚共和国，定都的黎波里。依赖丰富的石油资源，卡扎菲统治下的利比亚曾一度富甲非洲。

然而，利比亚也面临一系列问题。首先，卡扎菲统治后期，利比亚腐败已经非常严重，这使得中低层的百姓日益感到待遇的不公和失落，对卡扎菲的不满情绪在积累。其次，卡扎菲自己的部落“卡扎法”控制着部分武装部队，他们花费数年时间摧毁了对手“瓦尔法拉”的基地。瓦尔法拉曾被认为是该国最大的部落联盟，但这已成过去。当利比亚形势动荡时，很多曾被卡扎菲冷落或压迫的部落都在反对他。瓦尔法拉的几位部落首领日前就曾现身，号召人们推翻卡扎菲。再次，从2008年开始，爆发了世界性的经济危机，利比亚失业率严重，尤其是年轻人找不到工作。年轻人失业成为最大的不稳定因素，而卡扎菲没有及时地解决年轻人就业的问题。最后，是西方的政治宣传。西方加大渲染“颜色革命”的力度，揭露卡扎菲的独裁统治、屠夫本质，还有西方民主自由的好处。这对于无业青年来说，影响很大。于是年轻人开始走上街头，西方在后面支持，最后局势一发不可收拾。

2011年2月15日，利比亚第二大城市班加西爆发了反政府的抗议活动。示威者高喊“结束贪污腐败”等口号，并投掷石块和燃烧瓶。警方与政府支持者则使用橡胶子弹加以还击。2月17日，在班加西等多个城市爆发示威活动。2月19日，班加西形势急剧恶化，利比亚军队向示威者发射迫击炮弹并用机枪进行扫射。美英等国发表声明，谴责利比亚政府的暴力行径。冲突不断升级，抗议活动从东部城市班加西蔓延到了首都的黎波里。

利比亚人抗议示威，要求卡扎菲下台

鉴于利比亚近日的安全形势，很多国家已经开始撤侨行动。土耳其、法国、俄罗斯等国派出飞机和轮船接出数百名侨民，英国则派出军舰前往利比亚边境海岸接出侨民。欧盟相关发言人表示，欧盟各国目前正在从利比亚撤出大约12000名侨民。

在利比亚的中国公民人数多、分布广，约三万名中国人主要分布在利比亚东部、西部、南部和首都地区，大多为从事铁路、通信和油田等行业的工程劳务人员。此外还有一些中餐馆经营业者和留学生等人员。由于骚乱的影响，中方驻利比亚的企业基本都停止了施工。一些暴乱分子趁机抢劫，中国工地成为他们的首选目标。包括中交、中建、中铁、中水等大型中资企业的项目工地日前都遭遇袭击。中国驻利比亚大使馆发言人22日证实说，近期，部分在利比亚的中资企业和机构遭到歹徒抢劫，在遇袭时受伤的中国人当中有15人伤情较严重，另有一些人受轻伤。

在利比亚从事建筑工程、承包当地住宅项目的浙江宁波的华丰公司此前被传，在利比亚东部城市艾季达比亚的建筑工地20日遭到袭击，电脑等财产被抢，中国员工被迫离开工地。华丰在国内的一名郑姓负责人22日向记者证实遇袭消息，并称该公司在艾季达比亚项目的900多名员工已经转移至当地一所学校安置。这批员工正在等待国内的进一步指示。此外，中兴通讯相关人士表示，中兴通讯驻利中方员工目前安全，已做好应急准备，将随时根据使馆的命令采取下一步行动。

二、撤侨行动

鉴于利比亚的形势恶化，我国国务院于2月21日决定从利比亚撤侨，并启动国家Ⅰ级响应机制。当地时间22日晚和23日，有六艘租借的邮轮从地中海驰往利比亚海岸。至 24 日，前往撤侨的大小船只已达十多艘，其中包括中国海军导弹护卫舰“徐州”舰。“徐州”舰原在亚丁湾担任护航任务，此时也向地中海方向全速驶来。

与此同时，陆路撤侨也在紧锣密鼓地展开。在东线，驻埃及大使宋爱国未雨绸缪，早在 2 月 19 日即派人到埃及和利比亚边境小镇萨卢姆考察，探讨从埃及撤侨的可能性。考察人员到达时，萨卢姆早已聚集了几万人，场面非常混乱，其中有大批中国公民。原来，早在班加西的枪声响起时，各国侨民都在寻找逃亡之路，身处利比亚东部各地的我国承包工程的人员，自然也加入了逃亡队伍。宋大使派出第二批赴萨卢姆的工作人员后，遵照国内的指令，立即着手联系开罗和亚历山大的旅行社。最后宋大使共向埃及旅行社租下 150 辆大巴车。150 辆大客车一起走，浩浩荡荡向萨卢姆边境集结。

利比亚东部港口城市图卜鲁格距埃及边境 150 千米，中建技术公司的员工一行 83 人，聪明而机智地迅速随浩浩荡荡的埃及劳务人员向埃及边境的萨卢姆撤离。最先离开利比亚的中建技术公司的 83 人开始进入埃及海关。当埃及海关要求他们出示护照时，这些人茫然不知所措。“No！我们什么都没有，我们是从利比亚逃出来的，工地丢了，连牙膏牙刷和随身的钱夹子都丢了，哪还有护照啥的！”没有护照，埃及海关官员拒绝中国公民入境。这时，有人看到了使馆官员。得知我同胞没有护照，便立即通过使馆向埃方有关方面交涉，请求按特殊情况处理。最后，埃方表示同意向我们的 83 名同胞签发旅行证件过境，现场一片欢呼声。

西线。2 月 26 日，利比亚与突尼斯交界的拉斯杰迪尔口岸，成千上万的华侨队伍正浩浩荡荡地往这里赶来。这是一支奇特的队伍，他们整齐划一乘车而来，显得纪律严明、训练有素，但他们乘坐的车辆却是五花八门，有卡车、面包车、拖斗车，甚至还有当地的警车。很多中资公司跟当地人关系非常和睦，利比亚地方武装和军队听说为他们盖房子的中国朋友要离开了，专程来欢送，场面很是热闹。这一天，拉斯杰迪尔口岸，在数万名各个国家难民面前，中国公民站在迎风飘扬的五星红旗下，气概昂扬，精神焕发，展示着独有的风采。他们肩上挎包，手握中国护照或者回国证明，一个个像刚入伍的新兵，虽然服装五颜六色，个头高矮不一，但他们的步伐坚定有力，步调一致地向着祖国的方向迈进。

利比亚海关人员看呆了！边境军警看呆了！成千上万疲惫不堪的难民看呆了！他们都被眼前这支整齐的队伍震惊了，中国人太了不起了！"你们为什么能让中国人出去，却不让我们出去?"海关大厅内的其他国家难民开始羡慕，责问利比亚海关人员。"你们的国家派人来组织你们出境吗?"海关人员反问道。没有人回答。这一天，共有9200多名中国同胞从拉斯杰迪尔出境，中国祝突尼斯使馆接应。

北京时间23日凌晨，的黎波里。中国民航局的两架包机已经就绪，随时听候外交部的调遣前往利比亚撤侨。此时的黎波里机场，一片混乱。机场工作人员大半不见踪影，荷枪实弹维持秩序的警察和士兵也失去了控制，数万难民将机场里外堵得水泄不通，到处是杯盘狼藉，垃圾遍地。枪声、喊声、尖叫声、哭喊声响成一片。不时有被枪杀、被踩死的难民。欧盟等数十国的飞机强行降落着陆，失控的机场跑道上挤满了失去理智的难民，他们不管不顾地疯狂拦截着一架架飞机，想方设法要登机逃命。当地时间24日上午8时，中方包机冒着大风大雨降落的黎波里机场。此时，滞留在的黎波里机场的男男女女、老老少少有几百名，已经在那里等了三天三夜了。

2月27日，中国政府协调派出的国航、海航、南航、东航包机共接回1400多人。为尽快将在利比亚的中国公民接送回国，中国民航局部署大规模运输任务。自2月28日至3月10日，中国民航每日派出15架飞机接运人员回国，其中东航每天四架，至马耳他执行接运任务。此外，经中央军委批准，空军派出四架伊尔－76飞机，于2月27日飞赴利比亚执行接运中国在利比亚人员的任务。这是空军首次派运输机赴海外执行撤离中国公民回国任务。

三、回家之路

北京时间24日凌晨，利埃边境的萨卢姆小镇，那队由中水电公司和中建公司员工组成的381人撤离队伍，一摆脱疲惫不堪、备受磨难的出境窘况，就被我驻埃及使馆工作人员热情地送上八辆豪华大巴车，在埃方警察开道下，直奔首都开罗。路上，一位年轻工程师打开电脑，发现网络状态很好，“与之前在利比亚的日子里无法相比，所以特别兴奋”，他迫不及待地在自己的博客上写下了上面那句话，之后他的眼皮开始打架，再也没有力气往下写。

十小时后，年轻工程师醒来了，发现自己和队友们都到了开罗，并且被安排在一个令他们喜出望外的地方——推开窗户就可以看得到金字塔的酒店。兴奋不已的他难抑心中的那份激情，便重新续写博文道：“到北非工作三年，其实我们很多人都没有真正享受过这边的风景和名胜，虽然有几次从开罗经过，但从未这么近距离看过金字塔。我想我的三百多位工友更不用说了，他们中间大多数是农民工，离家时是带着一个到非洲淘金的美梦，其实他们的淘金梦也就是想着能够为自己的老婆或者儿女一年挣回万儿八千的美元而已。他们有的在利比亚的沙漠里干了两、三年，除去来回坐飞机经过埃及、迪拜等著名国家及其名胜外，事实上跟没出国门一样。有的是刚刚出来做劳务人员的，连一句与利比亚人打招呼的‘你好’还没学会呢，战乱就开始了。

“现在我也是难民，我的工友们都是难民。出境的时候，我看到很多工友的身上什么都没有，钱没有，行李没有，衣服也只有随身穿的单薄几件，但他们的口袋或腰里则塞着或插着泥瓦匠、木工用的木刷与钳子。这类东西海关是不让带的，我的工友们中有些人跟埃及边境的海关人员吵起来，不让没收他们干活和吃饭用的工具。有个工友竟然还哭了起来，说：‘我出国干活不仅还没拿过一分工钱，现在连从家里带来的钳子都被没收了。’

“看着眼前的情景，我眼睛酸酸的，心想，这些连一个英文字母都不识的劳务人员，如果国家不想法子把他们撤离出来，他们留在战乱的利比亚，会是什么命运呢？

“不亏！我们没白出国一趟，连金字塔都看到了！

“这也是工友们说的话，是他们现在说的，刚才说的，就在我身边说的！你看看他们的脸上都充满着兴奋、幸福和满足感……他们挤在酒店的凉台上、房间的窗户边，甚至还有人跑到院子的高台上。

“昨天，我的这些工友们还是惊魂未定、满身污垢，现在他们个个精神饱满、神采奕奕，俨然是一个个轻松愉快的出国旅游者。看着我的工友们十几小时之中的两重世界，我现在最想说的一句话是：我的祖国，我们真的太感谢您了！因为如果没有您，别说我的这些工友是生是死，就是我这样懂几门外语、走南闯北的人也未必能活着回家。”

年轻的工程师在当晚 18 时许，和同一单位的 227 名工友乘坐国内飞来的第二架包机飞回祖国。另外一百多人在我驻埃及使馆的安排下乘坐卡塔尔航空公司的飞机中转回国。可以说，由于使馆的“早下手”，为日后从利比亚撤离过去的一万多人的庞大队伍提供了绝对保障，这让联合国难民署官员惊叹不已。联合国难民署也在那里设了难民点，但两处人们的境遇则有天壤之别。

杰尔巴岛位于北非突尼斯的东南部，距首都突尼斯市 513 千米，素有“旅游者的天堂”之美誉，游客众多。当地时间 22 日傍晚 19 时左右，火正德大使派出的由武官杨旭和经商处参赞周兆明及使馆其他两名工作人员组成的第一工作组，已经抵达杰尔巴岛。他们一到那里，就开始部署和联络安置撤离公民的事宜，同时在突尼斯有关部门的帮助协调下，筹备办理入境手续、人员安全和医疗救助等工作。

我驻突尼斯使馆的安排可谓周到备至，他们让同胞们住进杰尔巴岛后，第一件事就是发给每个人一张手机通话卡，这是数天来与家人失去联系的同胞们最需要的东西；然后就把他们领进宾馆的房间让其痛痛快快洗上一个热水澡，这也是同胞们迫不及待需要做的事；之后就让他们饱饱地吃上一顿香喷喷的热汤热饭。

随后的日子，是等待回国。从 26 日起，我驻突尼斯使馆和前方工作组每天都在迎接从边境过来的一批批同胞，除安排好他们的食宿外，便是千方百计争取前来接应回国的航班。一万余人，多少航班才能运走？火正德大使和使馆所有工作人员都没有经历过如此规模的空运，即使是具有千年以上旅游历史的杰尔巴岛也不曾有过这样的经验。要在短短几天内，横跨亚、欧、非三大洲，完成万人航运，谈何容易！然而中国人做到了，且做得圆圆满满。

第一架飞往杰尔巴岛的是中国南航公司广州飞行部的 B777 机队的南航 CZ2001 包机。他们于北京时间 27 日凌晨抵达杰尔巴岛，当日傍晚回到广州白云机场。之后的杰尔巴机场，每天平均至少有八至九架包机从这里起降，运回一批又一批中国同胞。

2011 年 3 月 5 日，在利比亚撤侨航班上，中国同胞在高呼祖国万岁。

克里特岛面积 8261 平方千米，是希腊最大的岛屿，在地中海的爱琴海湾之南。我驻希腊使馆向希腊政府提出，把克里特作为利比亚大撤离的中转地，友好的希腊政府回应：可以用。当时岛上正值旅游淡季，多数酒店、旅社都已关张休整。“欧洲人非常重视个人的假期，但听说我们要用他们的酒店时，破例为我们重新开张。许多正在休假的服务生和酒店工作人员也在第一时间回到了岗位，这是很罕见的事。”罗林泉大使深有感触地说，“23 日，我们就向当地 11 个四星级酒店订下 6500 多个床位，并联系好十家备用酒店、近百辆大巴车，确保了后续撤离大队人马进岛。”

热情、友善又浪漫的克里特人给了惊魂未定的中国人诸多意想不到：每一批从地中海彼岸过来的撤离者从邮轮上岸后，列队欢迎的克里特姑娘们有的递上矿泉水，有的送上一枝鲜花，加上一句句并不熟练却十分好听的“你好”和一张张美丽的笑脸……这让刚刚从战火中逃生的中国人简直心花怒放。

2 月 24 日首艘邮轮抵达克里特岛，到北京时间 3 月 5 日早上 6 时，最后一架国航 CCA060B 航班从克里特岛起飞，我驻希腊大使馆圆满完成了任务——协助撤侨 13185 人！外交部给罗林泉他们的希腊使馆记了集体三等功。上次他们被记集体三等功是因为 2008 年为北京奥运会所做的特殊贡献。

截至 3 月 5 日，我国从利比亚共撤出近 35860 人。利比亚大撤侨被认为是中国军事、经济、外交实力的一次全面展现。在这次行动中，中国政府共动用 91 架次中国民航包机，35 架次外航包机，12 架次军机，租用外国邮轮 11 艘，国有商船五艘，军舰一艘，历时 12 天。除成功撤离中国驻利比亚人员外，还帮助 12 个国家撤出了 2100 名外籍公民。利比亚撤侨创下了新中国撤侨历史上的“四个第一”：第一次采用了海陆空联动的撤离方式；第一次大规模动用民航飞机，租用外国邮轮和飞机；第一次采用将人员摆渡至第三国再撤回国的方式；第一次使用只有一张纸的中国公民应急旅行证件。因为这次撤侨行动，有不少民众重新认识了祖国的实力，并且为此深感骄傲。

3 月 5 日 23 时，中南海。国务院应急指挥部第三次全体会议召开。张德江总指挥宣布：在党中央、国务院英明领导下，在国家各部门、各省市自治区和全国人民的全力配合与支持下，中国的利比亚撤侨任务圆满完成！

四、后续

联合国安理会 3 月 17 日授权对利比亚领导人卡扎菲军队采取军事行动，从而为未来几天欧洲及美国空袭利比亚铺平道路。法国战机 3 月 19 日率先对利比亚境内目标实施打击，并摧毁了数辆利比亚政府军的装甲车。随后美英等国战机也陆续投入军事行动。大规模的军事干预全面展开。参加此次军事行动的国家除美英法外，还有加拿大、西班牙、挪威等国。法国官员说，在军事干预行动中，阿联酋也调派了 24 架战机，卡塔尔调派四到六架战机。

8 月 22 号，利比亚反对派武装攻入首都的黎波里，控制了市内的大部分地区，并在全城搜捕卡扎菲。卡扎菲在的黎波里被攻占后逃亡至家乡苏尔特，不停变换藏身之处。10 月 20 日，卡扎菲被俘，头部中枪身亡。

利比亚过渡委员会主席贾布里勒10 月 20 日晚宣布，在利比亚全国解放后，执政当局将开始讨论组建过渡政府问题。然而此后，利比亚国内分崩离析，局势动荡不安。近来，利比亚冲突升级。按照当初西方国家的设想，“后卡扎菲时代”的利比亚本该统一、稳定、民众安居乐业。但现实截然不同。

第二十章 也门撤侨

也门共和国位于阿拉伯半岛南部，南临亚丁湾和阿拉伯海，西濒红海，扼红海与印度洋之间的交通要冲。也门具有三千多年文字记载的历史，是阿拉伯世界古代文明摇篮之一。然而这个国家近年来战火纷飞、动乱不断。

一、事件背景

2011 年初爆发的“阿拉伯之春”席卷也门，总统阿里·阿卜杜拉·萨利赫被迫辞职，将权力和平移交给副总统统阿卜杜拉布·曼苏尔·哈迪。2014 年，哈迪政府推行能源“改革”，废除了实行多年的燃油补贴政策，大幅提升汽油和柴油价格，引发国内不满。2014 年 9 月，胡塞武装组织指责政府内部腐败现象严重，发兵南下，使用武力夺取了首都萨那的控制权。2015 年 1 月下旬，胡塞武装占领总统府，软禁总统哈迪。2 月初，胡塞武装宣布成立“总统委员会”和“全国过渡委员会”，代行总统和议会之职。

也门局势急剧恶化，全国陷入无政府状态，多国关闭驻也门使馆。美英西方国家纷纷撤回外交人员，并呼吁本国公民撤离。中国新任驻也门大使田琦在此非常时期到任。而在他到任的第二天，也门总统哈迪及其内阁已经辞职，国书只好递交给外交部副部长埃达鲁斯。

2015 年 2 月底，总统哈迪从胡塞武装的软禁中逃至亚丁，随后宣布亚丁为也门临时首都。胡塞武装自然不会善罢甘休，他们继续向亚丁攻击碾压。邻国沙特发出警告：如果胡塞武装继续进攻，沙特将挥兵入境，武装干涉。而不肯低头的胡塞武装根本不为所动，加速推进，一直打到了塔依兹。3 月 26 日，沙特等国展开代号为“果断风暴”的军事行动，100 架战机对胡塞武装进行了猛烈的空袭，并宣布也门全境为禁飞区。与此同时，沙特等国在沙也边境部署的兵力达到了 15 万之多，战火正以燎原之势迅速燃遍也门全国。也门，就此成为被航空炸弹和密集枪声隔绝于和平之外的“恐怖孤岛”。

根据习主席和中央军委命令，中国海军舰艇编队开始组织舰艇和有关力量赴也门执行撤离中国公民任务。3 月 26 日深夜，海军命令正在亚丁湾执行护航任务的临沂舰、潍坊舰和微山湖舰向也门亚丁港海域高速机动。编队连夜部署，由护航状态转为撤侨任务状态。各舰完善舰艇靠泊、人员核准登舰、舰艇和登陆港口的安全警戒等，生活保障、卫生防疫等方案，在最短时间内完成了一切准备。

撤离过程中，三个困难摆在面前：第一，对安全形势的评估需要确认。海军通过与使馆武官的联系，及时了解所撤离港口当地的安全形势。第二，后勤保障有不确定性，包括撤离人员的国籍、宗教信仰都不一样。战斗舰艇上都是战斗员，不像登陆舰或者货船有备用的舱室和存库，需要接送多少人员还不能确定。第三，对进入亚丁港口外交准入，包括停靠码头的拖船协助、离港都不熟悉。这些情况在中资机构以及驻也门使馆的及时联络中得到解决。

当时，在也门全境有 20 多家中资企业，620 名中国公民，其中约

300 人集中在首都萨那附近，另外有 300 多人分布在也门十多个省。使馆分头联系各个中资企业，500 多名中国公民陆续集中到萨那和亚丁市，随时做好撤离准备。3 月 28 日上午，经商处紧急召开在也中资企业负责人会议，公布撤离时间、路线，详细说明撤离途中可能出现的种种问题，要求企业服从使馆安排，做到统一、安全、有序撤离。

二、顺利撤侨

首批撤离人员 124 人在亚丁港集结完毕后，临沂舰用一小时的时间疾驰入港，124 人迅速登舰离开。中国驻也门大使田琦介绍，军舰入港许可，需要军方很多人签字，签字之后要交给港务局才能得到落实。让我们感动的是，也门军方人士接到中国使馆请求后，自己开车找到相关上级领导签字，当天就把许可证办下来了。撤离运送过程中，也门方面无论军方、内政部、警察部都全力予以配合。

3 月 29 日上午，临沂舰由待机点向亚丁港高速机动，13 时 46 分完成靠泊。集结在码头的首批 122 名中国公民、2 名外籍人员一同随舰撤离。临沂舰是抓住几小时停火的宝贵窗口期来进行撤侨的，所以不能出现“人等舰”或者“舰等人”的危险情况，要确保行动能够同步。海军和使馆的协同被认为达到了天衣无缝。临沂舰接回的 124 人，在 39 分钟内全部登舰完毕，平均每人为 18 秒，而且还要完成大量的人员甄别、行李检查等。14 时 30 分，临沂舰离开亚丁港码头，经过近八小时高速航渡，抵达吉布提。

为了压制和预防武装分子的迫击炮等近距离武器的袭击，此时的临沂舰火力全开，右舷的 730 型 30 毫米舰炮的炮口平伸，指向亚丁港的纵深，处于待机状态，随时准备开火。730 型舰炮在码头上可以算是大杀器了，这门多管舰炮是中国研制的第二代近防炮，也是目前世界上杀伤力最强的舰载近防炮。其优异的弹道性能和综合火控系统，全面压倒俄罗斯 AK630 和美国密集阵近防炮，是一款达到世界最先进水平的中国舰载武器。

临沂舰女舰员帮助儿童登舰

3 月 30 日，455 名待撤离人员在使馆人员的安排下，乘车从萨那奔赴荷台达港。两地距离 230 千米，多为崎岖山路，安全风险很大。在也门政府军装甲车开道、所有沿途检查站立即放行的情况下，车队花了五个多小时抵达目的地。当天下午，潍坊舰靠港，455 人顺利登舰驰离。由于情报准确、协调有力，整个登舰行动只用了 81 分钟，平均每人不到 2 秒，至此，需要撤出的中方人员全部撤离也门。也门由于内战陷于一片混乱，潍坊舰进入和离开荷台达港的全部行动都是我海军自主完成的。

2015 年 4 月 2 日，中国海军临沂舰搭载巴基斯坦等 10 个国家在也门的 225 名侨民自也门亚丁港平安驶抵吉布提。据初步统计，撤离人员中有巴基斯坦 176 人、埃塞俄比亚 29 人、新加坡 5 人、意大利 3 人、德国 3 人、波兰 4 人、爱尔兰 1 人、英国 2 人、加拿大 1 人、也门 1 人。此前，中国政府在也门撤离中国公民行动中，还协助罗马尼亚、印度、埃及等国的 8 名侨民平安撤离。

北京时间 4 月 2 日 15 时 51 分，就在临沂舰靠泊亚丁港之时，在右舷 60°大概 5 千米处，警戒哨报告发现一枚炮弹落地。七分钟后，在军舰舰艏码头 20 米处，一辆吊车遭到疑似坦克机枪扫射，数枚流弹击中吊车。发现情况，现场指挥员立即搜索警戒范围，对码头上还没来得及上舰的人员进行贴身护卫，同时启动应急措施，舰艇马上备航，其余人员迅速上舰，在确保侨民安全的前提下强行出航，迅速离开码头。

中国在以往的撤侨行动，多是包租民航客机和民用客轮，或者出动空军伊尔－76 运输机，但直接派出军舰撤侨尚属首次。而此次也门撤侨使用的战舰，与民航和客轮不同，战舰上有舰炮、导弹、直升机和特种部队，如果有人敢冒犯就可以反击，也可以强行登岸，这是海军军舰的威慑力所在。这次也门撤侨行动，是中国大力建设远洋海军的一个意料之中的收益。

三、悉心关照

从在也门各地集合中国公民到有惊无险过山路，到安安心心上军舰，再到照顾周到的吉布提，最后到坐上飞往家园的航班，每个环节都快速反应、悉心准备、高效服务，这次撤侨赢得国内民众的交口称赞。

中资机构徐先生讲述上军舰后，当天临近深夜，官兵们把床铺让给他们休息，自己打地铺睡在过道。军舰上纪律很严明，大家一起在船舱里度过了十余个小时。护卫舰上，官兵大约 200 人。除了舰长进行作战指挥，政委和副编队长以及其他所有官兵都把他们的床铺腾了出来。负责现场指挥协调的驻也门使馆武官刘永选满怀自豪地说：“我想这一点也只有中国人民海军能做得到!”

舰上，撤离的侨民吃着几菜一汤，水兵们却在吃咸菜罐头。有网友甚至质疑，官兵有菜不吃偏吃榨菜，难道是在作秀？梁阳对此给出回应：舰只在海上尤其是远海执行任务还是很艰苦的。像护航编队在亚丁湾巡航，一个月靠港补给一次。这次从接到命令到3月29日数百名撤离人员上舰，时间紧急，舰上绿色蔬菜和水果非常珍贵。能够把好的饭菜让给饱受惊吓的中外侨民，这充分证明了我们87年前组建的这支军队，光荣传统没有变，全心全意为人民服务的宗旨没有变，我们这支军队干部、战士艰苦奋斗的作风没有变！海军护航编队战士说："自接到撤侨命令开始，我们就开始筹备主副食品。我们在海上护航，已经快四个月，副食品严重匮乏，但为了确保我们的侨民能够吃饱吃好，我们把能省的主副食品全省下来了！"

这些撤离的中国公民平安抵达吉布提共和国吉布提港。中国驻吉布提大使符华强介绍，这次抵达的撤离人员大部分将前往设在阿泽谷雷体育场的临时安置点，进行休整和回国准备。在体育场内，使馆设立了餐饮组、场地组、医疗组和车辆组四个小组为侨民提供保障，并设有24小时服务室，还为大家准备了矿泉水、面包、馒头和咸菜。之后将根据所撤人员公司安排和个人意愿，安排商务航班陆续回国。

此外，回家之路暂"不收费"。以国际惯例来看，撤侨中无论收费还是免费都是正常的，看各国特色而已。以日本来说，通常收费。如果日本侨民无法支付费用，日本政府会借钱给其购买机票。2011年埃及动乱，日本动用三架包机将滞留在开罗机场的463名日本人送到意大利的罗马机场。此后，这些赴当地旅游的日本人却被要求每人支付3.4万日元（约合2700元人民币）的包机使用费。同样是2011年埃及动乱，加拿大政府派出飞机撤离当地的侨民，当时要求每个人必须签署一份保证书：回到加拿大后，要归还加拿大政府400美元的机票钱。此外，如果加拿大公民在撤离的时候，还带了非加拿大公民一起走，也需要为其支付机票钱。加拿大政府并非唯一收费的国家，英国公民为登上英国政府派来的飞机，需要支付 300 英镑。而美国公民则要求支付去欧洲的机票钱。

反观中国。新中国第一次大规模撤侨是在 20 世纪 60 年代初，起因是由于当时印度尼西亚排华不断地升级。1960 年 1 月 20 日，中国先后租用十多艘客轮到印尼各港口接运华侨回国，拉开了大规模接回中方人员的序幕。到 1960 年秋，中国政府从印尼一共接回六万多名华侨。综合计算，这项工作需要投资一亿多元，当时并没有收取相关费用。

2006 年以色列和黎巴嫩发生冲突，中国从黎巴嫩撤离了侨民，据当时新华社的报道，外交部领事司有关负责人就此做了专门的解释。在回答有关撤侨的费用问题是怎样解决的问题时，该负责人说，撤侨时政府提供的交通工具是不向个人收取费用的。将中国侨胞从战火中撤出黎巴嫩，驻黎使馆没有向侨胞收取分文费用。

2011 年利比亚局势动荡期间，中国政府通过海、陆、空三种方式从利比亚撤离中国驻利比亚人员。“徐州”号护卫舰赴利比亚执行保护任务，中国首次动用军事力量撤侨。空军派出四架伊尔－76 飞机，于 2 月 28 日飞赴利比亚、接运中国在利比亚人员。关于这次撤侨是否会对相关人员收取费用的问题，目前虽然没有明确报道，但是从以往的中国惯例来看，应该为免费。

中国有句古话叫“三十年河东，三十年河西”。据驻也门的外交人员马冀忠回忆，1994 年 5 月，也门南北势力爆发内战，他当时在中资企业工作。激烈的战火之中，中方人员不得不决定撤离。在亚丁，搭载中国工人撤离的是中水公司的两条渔船。“撤侨行动千钧一发，渔船把捕上来的鱼全倒回海里，清理了鱼舱，让工人住了进去。”马冀忠自己搭乘的，则是一艘法国军舰，同船的还有其他国家的侨民。这成为马冀忠驻外生涯经历的第一次“也门撤侨”。2004 年印度洋海啸的时候，美国派遣海军第七舰队协助撤侨，而中国只能派一艘货船。现在中国高效率、高质量地救国民于水深火热的战乱之地时，印度、美国却不能及时地为其国民雪中送炭。

撤离的民众看到飘扬的五星红旗，禁不住大声喊出的那一句“祖国万岁!”让所有人热泪盈眶。中国援也医疗队队长王奕丽动情地说：“看到我们的军队后，我就觉得我们马上就要到家了。”祖国派军舰接亲人们回家，让备受战火煎熬的同胞们倍感温暖。亲人回家的路，虽然曲折而崎岖，但终究是踏实和平安的，因为我们有祖国。是的，无论是否是撤侨人员中的一员，见到这次撤侨行动的始末，每个中国人都感到特别幸福。国家实力与国家尊严相伴，国内外为中国政府高效率点赞。

四、大国担当

中国在帮助本国公民的同时，也向外国公民伸出援手，受到当事国的赞誉。巴基斯坦公民在也门的数量很多。4 月 3 日，176 名巴基斯坦公民安全抵达巴首都伊斯兰堡。很多巴基斯坦公民手里挥舞着五星红旗，一名巴基斯坦公民激动地说：“多亏中国救了我们！中国给予我们莫大的帮助，我们要用一生回报中国。”谈起协助巴基斯坦公民撤侨，田琦讲述了一个细节：“巴基斯坦大使给我打电话时，激动地说，感谢中方的救助行动，这次行动再次证明了巴中是全天候战略合作伙伴。中国人民就是巴基斯坦人民的亲人。我听得出，他在电话那头哭了。”

德国外交部发言人说：“我们非常感谢中国政府的支持。”

吉布提外交部长优素福说：“感谢中国帮助撤离外国侨民，你们的所作所为令人感动!”

准备搭乘中国军舰撤离的巴基斯坦友人

波兰外交部发表公告，对中国帮助撤离 4 名波兰人表示感谢。

斯里兰卡外交部副部长阿吉特·佩雷拉表示，斯里兰卡政府和人民感谢中国给予的无私帮助。

日本内阁官房长官菅义伟表示，日本政府方面就一名日本游客随中国军舰自也门撤离之事，向中国政府表示感谢。日本外交学者网站 4 月 6 日报道称，中国在也门帮助多国撤侨是解放军试图通过帮助他国来打造自身的善意和积极形象的最新例证。

英国《每日邮报》对此评论称，这是中国前所未有的举动，表现出中国正在更多地参与全球人道主义救援工作，中国的国际影响力也在愈发增强。

讲信义，重情义，树道义。也门撤侨，一场坚定有力的国家行动，彰显负责任大国的能力与担当。

来自炮火硝烟中的一组数据，呈现中国外交在关键时刻的考验中交出的亮丽答卷：3 月 29 日到 4 月 2 日，中国派出三艘军舰，从也门撤出中国公民613人；同时，协助来自15个国家的共279名外国公民安全撤离。“感谢祖国，我们可以回家了！”“谢谢你，中国！”在港口，在机场，在多国使领馆的门口，挥舞的五星红旗和亮丽的横幅浓缩千言万语，湿润的双眸透露着对中国无尽感激。2018年电影《红海行动》以此次行动为背景改编。

第六编 06

寻根之旅

本编序

宋代词人李清照有词云："故乡何处是，忘了除非醉。"故乡，一个魂牵梦绕的地方，永远连接着游子的心。近年来，越来越多的海外华人回中国寻根，除了年老一辈以外，那些在海外出生长大的华人也喜欢前往中国寻找他们的祖籍。驱使这些海外华人回到中国寻根无外乎两个原因：中国的强大与溯源的需求。

最老那一辈前往美国生活的华人很多都是淘金热与参与美国基础设施建设的廉价劳工。在年轻一辈的眼里，他们祖父母的历史是不堪回首的，不光鲜、被歧视，有些孩子则从小就被同伴们取笑。随着中国的崛起，海外华人的地位也随之提高，他们也深感骄傲和自豪。出于对自身发展的考量，他们意识到让新一代了解中国、学习中华文化的重要性。此外，许多背井离乡的华人对中国的记忆也已经模糊了，回中国很可能已经没有什么亲人了。可是在那些老一辈的华人心里出现了一个困扰他们很久的问题：如果自己去世以后，儿孙辈就从此跟家族来源断绝了联系，万一后辈想溯源，那就更不可能了！为了解决这个问题，很多老一辈的海外华人都带着自己的儿孙辈前往中国寻根。

各地也在为"寻根"做出努力，以福建泉州为例，华侨华人就有

900多万人，分布在世界130多个国家和地区。为了方便东南亚的华侨华人回来寻根，福建省着手建设“南洋华裔族群寻根谒祖综合服务平台”。这个平台将建成包括姓氏宗祠、宗亲社团、海外华侨华人社团、侨商侨智和归侨侨眷等方面信息的海量数据库。项目将在泉州先行先试，完成泉州8000册谱牒文献的数字化，以及海内外侨情等相关数据库建设，初步建成比较完善的寻根平台，并对外提供服务。此外，泉州市近年开展并深化“泉籍精英故乡行”活动，通过“以老带新”的形式，引导海外华裔新生代常回家看看，维系好他们对泉州的亲情乡情，增强对家乡的归属感。

河南省新郑每年农历“三月三”举办祭拜先祖黄帝的仪式。每年农历三月，海外侨胞们纷纷“回家”，通过黄帝故里拜祖大典、伏羲祭典、公祭大禹陵等活动表达自已对华夏祖先的敬意，这让海外侨胞们对“家”、对“根”，都有了更深的信仰和情结。湖北省政府则于每年农历四月廿六前后在炎帝神农的故里湖北省随州市举办世界华人炎帝故里寻根节、拜祖大典、神农文化高层论坛、中国（随州）专用汽车博览会等系列活动，助推世界华侨华人的寻根热潮。

中华寻根网是国家图书馆与澳门基金会开展的文化合作项目，目前第二期建设已经完成。中华寻根网是以提供姓氏源流和家谱资源服务为核心、方便海内外华人寻根问祖活动的网络平台。“中华寻根网”记录各姓家族世系、历史，反映中华民族生息、繁衍、迁移、奋斗的历程，目前提供500多个姓氏源流、2000多部家谱和6000种其他文献的阅览，以及自建家谱，交流联谊的互动服务。

从1999年开始，中华全国归国华侨联合会（简称“中国侨联”）每年主办“中国寻根之旅”夏（冬）令营活动，旨在帮助广大海外华裔青少年学习中文、了解中国国情和中华文化，促进海内外华裔青少年的交流。活动主要内容有学习中国民族舞蹈和中华武术、学习汉语和中华文化常识、与中国青少年学生交流、参观历史文化名胜等。凡年龄在12—18 岁、身体健康、希望了解中国和中华文化的海外华裔青少年均可通过海外组团单位报名。20 年来，有来自世界各地包括港澳台地区的 20 余万名华裔青少年参加了“寻根之旅”活动。

时间涤荡着青春的艳丽，岁月沧桑了年轻的浮华，光阴荏苒过红尘的喧嚣。一代代海外侨胞老去，但一代代华人血脉延续。不论年复何年，故土情缘难以割舍，祖籍根基不可动摇。“参天之木，必有其根，环山之水，必有其源”。对故乡的思念，是根植于华人血脉的“基因”。随着新一代海外华人日趋成熟，如今许多人正在寻找线索，以寻觅自己随着时间而消逝的身份。过程虽然艰辛，却饱含深情。

第二十一章　曼达岛居民回国寻根

2005年，一位非洲叫夏瑞福的女孩不远万里来到中国，她此次来中国有一个愿望，那就是“寻根问祖”。有人会疑问，非洲人怎么会来到中国认亲？姆瓦玛卡·夏瑞福（Mwamaka Shariff）是非洲肯尼亚人，她的家位于拉穆群岛中的曼达岛，目前岛上有400多人，夏瑞福称自己就是中国人，而且岛上居民都说自己是中国人的后裔。这是为什么？

一、幸运女孩

姆瓦玛卡·夏瑞福来自肯尼亚拉穆群岛曼达岛上的上加村。该村位于曼达岛腹地，交通闭塞，几乎可以说与世隔绝。当地人世世代代流传着一个传说，600多年以前，拉穆群岛附近有一艘大船触礁，该船属于明朝郑和所率领的船队，十几名水手经过努力游到了岸边。后来他们一直等待中国的船队来接应。谁知等待了很久也没有等到，只好在当地生活了下来，时间长了娶了当地的土著居民，繁衍下来。这仅仅是个美丽的传说，在史册上并没有详细的记载，仔细想来也符合历史情况，当年郑和下西洋也就是500多年前，郑和七次下西洋，带领的船只也应该有几十艘，遇到恶劣天气沉没一艘船也是很正常的。

1994 年，美国女作家李露晔在为郑和撰写的传记《当中国称霸海上》中叙述了自己在肯尼亚邂逅的传奇：一个黑人告诉她，自己是中国人的子孙，是数百年前肯尼亚拉穆镇曼达岛中国船遇难幸存者的后裔。1999 年，美国《纽约时报》记者纪思道沿着李露晔指引的方向探访了肯尼亚拉穆群岛中的曼达岛，并撰文介绍了他在曼达岛上采访中国人后裔的经过，还提出大胆的推想：这些自称有中国血统的人，很可能是郑和部下的后裔。《人民日报》前驻南非记者李新烽于 2002 年 3 月份第一次踏访曼达岛。李新烽在此后的三年中又三次再访拉穆，写了大量相关报道。

当时，中国驻肯尼亚大使馆得知拉穆群岛有着丰富的中国历史文化遗存及海滨一带的部分肯尼亚人自称是中国古代水手的后裔后，便派外交官前往拉穆群岛，就有关中国与东非沿岸早期交往情况进行实地考察，并希望直接找到古代中国水手的后裔。两名外交官在后来的考察报告中写道：在村长的帮助下，我们找到了几名自称是古代中国水手后裔的人。他们虽然无法拿出证明其祖先是中国人的直接物证，也无法确定祖先何时乘船到此，但仍坚称自己是中国人的后裔，因为这是其世代相传的家训。

夏瑞福在 2002 年 12 月初第一次见到了前往她家探访的中国人，也迎来了自己命运的转折点。夏瑞福说，她家的中国古碗便是一代一代传下来的，现在仅存一个，是由她姥姥传给她妈妈的。“小时候，姥姥就常给我讲关于中国沉船的故事，并说我们就是这些中国水手的后裔。”如今，这只古碗也成了她们是中国人后裔的见证之一。每当有记者前去家中采访，夏瑞福的妈妈便会向人们介绍这只古碗。

她也很有志气，有着远大的理想。在第一次遇到中国大使馆的两名外交官时，她便表达了自己想到中国求学的愿望，并表示自己立志做一名优秀的医生，以改变家乡缺医少药的面貌。2004 年 12 月，中国驻肯尼亚大使郭崇立在拉穆群岛考察途中，专门会见了夏瑞福。返回使馆后，郭大使要求主管教育的官员积极与中国教育部联系，为夏瑞福争取公费留学的名额，并得到了积极回应。次年 3 月，中国驻肯尼亚大使馆正式向新闻界宣布，只要夏瑞福拿到高中毕业证书及应有的推荐信，她将能在今年晚些时候接受中国政府奖学金的资助到中国读大学。作为中国人后裔，可以到中国留学。

夏瑞福中国寻根

郑和下西洋 600 周年之际，作为郑和七下西洋的起锚地，江苏太仓市举行“郑和航海日”大型纪念活动，2005 年，在江苏太仓举行的纪念郑和航海 600 周年大会上，肯尼亚拉穆群岛“郑和”村的“中国女孩”夏瑞福和马林迪市市长特别受邀参加，夏瑞福还获得了中国的国家奖学金到南京中医学院读书。经过刻苦攻读，她在南京中医药大学先后拿到了中医临床医学学士学位和中西医结合儿科硕士学位，如今又在位于武汉的华中科技大学同济医学院攻读妇产科博士学位。

二、郑和船队曾经到达东非

拉穆群岛位于肯尼亚北部海域，该地区历史悠久，自古以来即与东方联系密切。而拉穆群岛恰好位于环印度洋航线的交通要道，是郑和船队前往上述东非沿岸城市的必经之路。在距拉穆群岛不远由一个拉穆古城，它是在12世纪左右，由当地班图人和外来的商人合力打造，商人有的来自阿拉伯半岛，有的来自波斯湾和远东地区。这个城镇从建立伊始就扮演着内陆和海运的中间人角色，对外输出象牙、木材，对内运进衣服、陶瓷、香料等工业制品，很快地在13世纪时于东非海岸的独立成邦中崛起。

据中国史料记载，明朝郑和船队曾于永乐十三年（1415年）第四次下西洋时绕过了阿拉伯半岛，抵达肯尼亚的马林迪、蒙巴萨等沿岸城市。这是中国人到达东非的最早记录。而第五次下西洋，郑和船队途径占城、爪哇，又一次抵达了东非的木骨都束、喇哇、马林迪等地。当时马林迪的特使还来中国进献“麒麟”（即长颈鹿）。

中国学界一般认为，郑和航海最远到达非洲东海岸，即今肯尼亚和坦桑尼亚一带。域外存在不同看法。李约瑟曾引地图学家弗拉·毛罗所言，称1420年郑和舰队已越过好望角。澳大利亚人菲茨拉德认为，郑和的船队有可能到达澳大利亚西北的达尔文港。马来西亚学者祖菲加提出，郑和舰队于1422年到达了南极。在2002年出版的畅销书《1421年中国发现世界》中，英国退休海军军官加文·孟席斯（Gavin Menzies）经过长达14年的研究，认为郑和船队的分队曾经实现环球航行，且先于西方发现美洲和大洋洲的论点。其证据包括所谓郑和船队绘制的世界地图、《异域图志》所绘制的各地动物、考古证据以及DNA分析等。

中国学界对上述外国学者的观点普遍持否定态度。而本书作者认为，根据多方的资料，郑和的船队的航行范围应该更为辽阔。唐宋时期兴盛的海上丝绸之路即反映了当时人们开阔的视野。在唐朝中期以前，中国对外主通道是陆上丝绸之路，之后由于战乱及经济重心转移等原因，海上丝绸之路取代陆路成为中外贸易交流主通道。唐代，中国东南沿海有一条叫作“广州通海夷道”的海上航路，这便是中国海上丝绸之路的最早叫法。这条航线全长 1.4 万千米，是当时世界上最长的远洋航线，途经 100 多个国家和地区。在宋元时期，这条道路是覆盖大半个地球的人类历史活动和东西方文化经济交流的重要载体。所以，李约瑟等人的论述具有可信度。

1506 年，葡萄牙入侵拉穆，拿下海运的主导权，并压抑拉穆的海岸贸易地位，小镇荣景不再。1585 年、1588 年，拉穆等海岸城镇遭受土耳其的入侵，引发一连串的反抗行动，但被葡萄牙镇压。一直到 1652 年，阿曼的回教君主协助拉穆抵抗葡萄牙政权，终在 1698 年获得独立，建立共和政权，由 Yumbe 长老议会统治，开启拉穆的黄金时期。在这段黄金时期，象牙、犀牛角、河马獠牙、鱼翅等贸易格外繁荣，拉穆经济日益富裕，兴建了许多拉穆式的回教型建筑。建筑采用珊瑚石和红树林的建材，不但不怕潮湿的气候，吸收水气之后，反倒变得更坚固，而能留存至今。作为东非最古老、保存最完整的殖民地，拉穆古镇入选世界文化遗产名录，这个远离肯尼亚海岸的白色的岛镇被称作非洲的“加德满都”。

现在，拉穆古城的旅游业代替了帆船制造业和农业，成为岛上的主要收入来源。岛上唯一的交通工具就是驴。出岛、进岛如果不是骑驴就要乘船。狭窄曲折的街道只能供步行者或者是驴子来往。岛上共有两万多渔民居住，都是虔诚的穆斯林。如今，非洲和中国的贸易往来愈加频繁，岛上的驴甚至会出售到中国，驴皮用来制作阿胶。

三、考古证据

2017年8月2日，由中国、美国和肯尼亚的考古学家组成的团队在肯尼亚拉穆县的曼达岛挖掘出了拥有中国血缘的人骨遗骼，其中一人可能生活在郑和下西洋的时代。该小组负责人、来自美国的学者查普·库辛巴在首届“古今中国与东非联系国际论坛”上宣布了这一消息。这一消息如一重磅炸弹，迅速登上了各大媒体头条，国内考古圈、众多考古爱好者仿佛被挑动起一股国外考古的兴奋神经，郑和下西洋的那段历史恍若眼前。

库辛巴说，这是考古学者首次在东非地区发现具有中国血缘的古代人骨遗骸。参与发掘的中山大学社会学与人类学学院副教授朱铁权说，在曼达岛发现的这些人骨遗骸，具有东亚人独有的铲形门齿，同时经DNA（脱氧核糖核酸）技术鉴定，均具有中国血缘。朱铁权说，利用碳14测年技术所得结果显示，在3具人骨遗骸中，其中一人生活的时间与郑和下西洋的时代基本吻合，另外两人生活的时代则相对稍晚。

美国学者查普·库巴辛正在为中国学者讲解曼达岛上的遗址发掘

参与考察的中山大学社会学与人类学学院副院长郑君雷说，他们在岛上发掘出了一座由石头垒砌的城，规模宏大，设施齐全，年代久远。从现存的遗迹来看，当时曾经繁华一时。不过在100年前，这座城被废弃了。发掘者推测，该城被废弃的原因应该是淡水资源不足，导致居民陆续离开了。具有中国血缘的明代遗骨也出自此岛，虽然出土这几具遗骨的墓葬没有发现随葬品，但是在岛上发现了不少中国瓷器以及货币。

郑教授说，除了遗址以外，最神奇的地方是，曼达岛上住着1000多名“瓦上加人”，他们聚居的“上家村”被外界戏称为“郑和村”。岛上的居民长相与本地的非洲居民确实有一定区别，比如肤色介于黑色和黄色之间，头发没有非洲人那么卷曲，身材骨骼也没有那么高大。体质人类学家认为，从人骨测量、骨骼形态来看，瓦上加人不能算作典型的非洲尼格罗人种，而他们的鼻型、肤色掺杂了不少东亚蒙古人种的特征。还有一些语言人类学家曾经调查过瓦上加人居住的“上家村”（shangga），他们发现如果用当地的发音来念“shanghai”，几乎和“shangga”是一模一样。

除了体形、语言，在很多传统和文化上，郑和村似乎也和中国更近一些，他们会将墓葬垒成圆形，并竖碑，这样的坟茔并不见于非洲，而且他们的墓碑方向全部朝向东方或者东北方；村民养蚕织布，和本地之前的渔猎方式截然不同，在饮食上，他们热衷于“炒菜”，这门烹饪技术似乎在非洲的土地上找不到相似的影子。

第二十二章　南岛语族赴闽寻根之旅

波利尼西亚位于太平洋中部，是太平洋三大岛群之一。其中法属波利尼西亚由118个岛屿组成，总人口约30万。2010年7月27日，六名法属波利尼西亚南岛语族后人驾驶一艘仿古独木舟，从法属波利尼西亚大溪地出发，在海上漂泊了近四个月，历经1.6万海里，于11月19日凌晨抵达福建，展开了一次难忘的“寻根之路”。借此活动，波利尼西亚人向世人宣告南岛语族的“回归”，回到福建沿海最初的发源地。

一、南岛语系的起源

南岛语系（Austronesian family），也叫马来—波利尼西亚语系，是世界上唯一一种主要分布在海岛上的语系。它也是世界上分布面积最广的语系之一，分布于西起马达加斯加，东到复活节岛，北起台湾岛和夏威夷群岛，南抵新西兰的广阔海域内的岛屿上。中南半岛上有好几种语言也属于南岛语系，如越南的嘉莱语、拉德语。说南岛语系语言的人大多数居住在东南亚，其他地区的使用人口相对少得多。

南岛语系包括印度尼西亚语族、波利尼西亚语族、美拉尼西亚语族、密克罗尼西亚语族四大语族，1200多种语言，使用人口超过了2.5

亿。其中，印度尼西亚语族有高山族语言、他加禄语、比萨杨语、马来语、爪哇语、马达加斯加语等；波利尼西亚语族的代表语言有毛利语、汤加语、萨摩亚语、纽埃语、马克萨斯语、夏威夷语等；美拉尼西亚语族的代表语言有斐济语、利富语、莫图语、安布里姆语等；密克罗尼西亚语族的主要语言有马绍尔语、塞班语、瑙鲁语、查莫罗语等。

然而，这一海洋族群源自何方？他们是何时到达太平洋的？他们为什么一代又一代向茫茫大海深处远航？当人们将目光一路从太平洋中部往西移动时，南岛语族的发源地也渐渐浮出水面。第二次世界大战时期，国际学术界认为源头是在菲律宾，之后往北走，认为源头是台湾地区，然后再往陆地上走，就与福建省联系在一起。福州大学闽商文化研究院院长苏文菁表示，目前国际学术界的观点认为，以福建沿海为中心的中国沿海区域是南岛语族最早的发源地。在泉州发掘出土的众多史前文物，如石锛、石叉、古独木舟等，在波利尼西亚都能找到相似的物品，而且泉州老渔民的造船及航海技术与波利尼西亚人相通，这些都说明了泉州与波利尼西亚的渊源。

中国上古的百越与南岛语系民族有共同的祖先。百越种族众多，其中主体是南岛语系民族的祖先。他们在青铜时代的主要文化特色是有太阳光芒纹样的铜鼓。上古的太昊就是南岛语系居民的始祖之一。凌纯声先生主张波利尼西亚人的海神 Taaroa 即太昊。对于南岛语族为什么一代又一代地向茫茫大海深处远航，苏文菁说：“有的呢，是由于战争，有的呢，是由于饥荒。”福建南岛语族先民的出海，跟陆地上各个历史时期发生的事情有很大的关系。苏文菁表示，《史记》中记载，秦始皇统一中国的时候，有“百越叛走”，“叛到哪里去，我们不知道，我们再也找不到这个痕迹了”。

美国夏威夷大学兼职教授、厦门大学讲座教授焦天龙在他的著作中，对目前学术界研究出来的南岛语族的迁徙过程做了阐释。距今五千年左右，南岛语族的祖先在离开中国大陆东南沿海以后，开始了漫长的海上征程。每到一个岛屿，他们便在上面扎根。数代之后，有的人留了下来，更多的人则继续利用独木舟航行。直到距今1000年左右，南岛语族的后代才完成了这一横跨太平洋的海上移民壮举。而在这个过程中，南岛语族的后人与各个岛屿上的原住民的文化进行碰撞和融合，彼此改变了自身的文化。“南岛语族有一种共同的航海系统和造船系统。人类把动力放到船上，然后有了导航设备，这是两百年前左右的事情。”苏文菁介绍说，更早的人类就是靠天象、洋流、季风来航海。

二、万里寻根路

2010年11月18日，由法属波利尼西亚议会长奥斯卡·特马鲁率领的南岛语族“寻根之路”一行，抵达中国福州，开启在“南岛语族最早发源地”福建的寻根之旅。另有六名成员是驾着独木舟，从南太平洋的大溪地出发，反向沿着南岛语族先祖从中国东南沿海迁徙至太平洋诸岛屿的路线，稍后登陆中国福建。

11月18日下午，奥斯卡·特马鲁率领先期抵达的成员，参加由当地政府在福建省闽侯县昙石山遗址博物馆举行的欢迎仪式。福建省海外联谊会会长张燮飞在仪式上说，这次“寻根之路”起航远在南太平洋的法属波利尼西亚大溪地，登陆点在亚洲大陆发现大量南岛语族史前遗址的福建，将广泛分布在太平洋的南岛语族各国人民联系在一起。张燮飞表示，这次“寻根之路”航程万里，路途艰难，极富探索精神，是一次让世人仰慕的海上探险，既有求证南岛语族系先民迁徙繁衍的考古意义，又有促进环太平洋各国人民交流合作的现实意义。法属波利尼西亚独木舟协会会长凯达布说：“我们的宗教信仰来自欧洲，但从人类学来讲我们的根在中国，这是一次回顾历史的历程。”

南岛语族后人寻根福建

11 月 19 日凌晨，六名法属波利尼西亚南岛语族后人驾驶一艘独木舟，历经四个多月风雨到达福州马尾。他们想要证明远古时期先人是可以利用独木舟征服大海，完成横跨太平洋的海上迁徙壮举。六名船员到达福州下榻的宾馆，早上 7 时启程前往平潭参观壳丘头考古遗址。

11 月 19 日，在平潭县壳丘头文化遗址，海风猎猎，彩旗飘扬。这个目前被国际考古学界认为是南岛语族最早离开原乡的起点再一次沸腾了。热情的福建人民敲锣打鼓欢迎远道而来的南岛语族后裔。历经千辛万苦的船员们虽满面倦容，却掩饰不住眼里兴奋的光芒。放眼四周的一草一木和远处的茫茫大海，这次航行的发起人易立亚深情地说：“5000 多年前，我们的祖先就是从这里出发远渡重洋的。波利尼西亚南岛语族出土的 75% 以上植物标本的 DNA，与福建植物的 DNA 相近，这说明了我们的祖先来自福建。我们之所以在海上历经磨难仍旧勇往直前，这一切就是为了追根溯源，找寻我们的根，今天，我们终于回到了我们的家园!”船长布努阿激动地说：“我的曾祖父和祖父都有中国血统，现在我来到祖先踏过的土地，感到非常自豪。”随后，布努阿将雕有鱼形等图腾的木牌送给福州人民，作为纪念。他说鱼象征着祖先，它在南太平洋海域流行，也在中国海域流行。

在平潭县举行的“寻根仪式”

说起发起“寻根之路”的原因，易立亚说，这是他儿时的梦想。易立亚出生于一个考古世家。不仅父母是考古学家，连爷爷奶奶也是。“我一直很想知道我们的祖先是从哪来的。”易立亚说，他们那边有两种说法，一种说他们是来自东莱，另一种说他们是来自中国。于是，他们就发起组织了一个船会，筹备这次的“寻根之旅”。易立亚的中国妻子王辛告诉记者，易立亚从 20 岁开始着手这个计划，直到前几日他 40 岁生日时终于完成梦想，为了此次航行，他辞掉了工作，把全部的精力都投入这个计划中来。

为了这次旅行，易立亚的母亲玛丽、凯达布、莫埃泰等人专门成立了独木舟协会。接着开始筹款、拉赞助、造船。一听到要去寻根问源，大家都很积极，会员很快发展到50多人。还有很多人捐款赞助此次活动。协会收到捐款200万元。他们根据1820年的图纸仿建了一艘独木舟。该独木舟重达4吨，长15米、宽7米，桅杆高12—15米，符合一级船只标准，自重轻，航速快，不可沉。木船上包含了水密船舱，安全舱门，疏水泵，舷内发动机，厨房区域，卫生间，通风良好的床铺以及包含所有航海必需的设备——驾驶台。

7月27日，六人驾乘独木舟，借助季风和洋流航行，从南太平洋的大溪地出发，驰往中国。沿途经过十个国家，整个航程达1.6万海里。他们携带卫星电话，每天通话两次。船长必须报告所处的位置、船员的身体以及供给状况。路上条件非常艰苦，船上只有约三平方米的船舱，大伙只能轮流进舱躺一会儿。食物及淡水按天计算，必须严格控制。船员大多习惯在海上生活，习惯吃生鱼。只要捕到鱼就不愁饿肚子，吃不了的鲜鱼就晒干储藏起来。在菲律宾海域遇到过两次台风，所幸都与台风擦肩而过，有惊无险。

特鲁巴是此次独木舟的造船技术监工。他看上去就像一位闽南海边随处可见的老渔民，一问才知特鲁巴的外祖母往上追溯的那一支血脉里也有中国血统。曾在中国留学、能说一口流利汉语的易立亚，更是娶了一位上海女子为妻。这一切，都让他们对中国充满了好感。

“小木舟前进前进，很高兴我们来到福州”，在福建昙石山博物馆前，波利尼西亚的朋友们弹起了六弦琴，用歌舞表达回家的喜悦。闽侯县昙石山文化遗址博物馆保留的大量南岛语族先民们生活、生产以及他们宗教信仰的文物，令团员们倍感亲切。波利尼西亚独木舟协会会长凯达布先生表示，这里出土的福建先民们制作独木舟、捕鱼、切鱼等生活工具，与他们那儿的几乎一模一样。“这些图腾在我们那里也能看到，还有这些陶器，至今南太平洋岛国上的有些土著仍然在使用。”考古学家玛丽告诉记者。

三、泉州之行

11月22日，横渡太平洋的南岛语族“寻根之路”成员一行五人到泉州参观。上午10时50分，他们顺利到达泉州海外交通史博物馆。“哇，这里这么多古老的船，真是太神奇了!”这是寻根团成员们踏进泉州海交馆后说的第一句话。看到各种各样的船舶模型，他们很是惊讶，更为惊喜。在泉州海交馆工作人员的引领下，客人们仔细地观看了“中国舟船世界”等展馆。“一样、一样，就是那个帆不一样。”在泉州海交馆的中国舟船世界展厅，易立亚指着一艘中国古代海帆筏模型兴奋地说：“这个船和我们国内现在还在使用的一模一样，只是我们的帆是三角形的，而你们是梯形的，这样的海帆筏至今仍被波利尼西亚土著居民用于往来各个岛屿之间。”

“你们知道吗？在我们波利尼西亚，‘独木舟’的发音和你们几乎一样，我们称之为独木侯（hou）而你们称为独木舟（zhou）。”易立亚告诉记者，“我们沿途经过了太平洋很多国家，我们发现其实很多地方，对这个单词的称呼几乎是一样的，这说明我们的祖先就是走我们的路线。”“这一次航行，我们所依靠的，都是最原始的海航方法，完全没有用到现代化的东西。”易立亚告诉记者，这一路上，他最佩服的就是同行的一个老船员，他似乎有着未卜先知的能力，“完全是通过看星星、波纹、尝海水等原始的航海术来完成此次航行。有些两天后才能到达的岛屿，他两天前就能够知道在什么方位。”

泉州海交馆馆长丁毓玲对波利尼西亚的远方来客表示热烈欢迎，并希望经过双方的交流进一步增进两地关于南岛语族学术方面的研究。易立亚当场表示要把此次横渡太平洋的独木舟做成模型，赠送给泉州海交馆，以作为南岛语族与泉州交流的珍贵史料永久保存下去。福建的学者们表示，期待有一天，建造一艘仿古“福船”从福建起航，顺着南岛语族的迁徙路线划向大溪地，将福建人民的情谊再次传递到太平洋诸岛国。

第二十三章　寻根问祖三十年

在中国人的思想里，“根”是故土，是难以割舍的情怀。尊宗敬祖是中华民族的古老传说，是人的一种本性、一个情结、一份真情。有些人离乡多年，有些人在外地长大，有些人不知道自己真正的故乡……故乡寻根应运而生。在某个时候会想起故乡那破败荒凉的老屋，充满童趣的院落，还有屹立在村口的槐树，每一个映像都能引起无数的回忆和惆怅。当故乡只会在你脑海里浮现时，就真的懂了什么是乡愁，就彻底明白了“为什么我的眼里常含有泪水，因为我对这片土地爱得深沉”。

一、越洋寻根的引路人

郑国和是美国旧金山中华文化基金会会长，美国第四代华裔。19世纪末，其曾祖父从广东中山远赴夏威夷讨生活。十多岁时，他就对家族历史深感兴趣，常常一个人画族系图。一次，华人历史学家麦礼谦在讲座中教大家画出家族族谱。郑国和饶有兴趣，回到家里便开始找族谱，在其中一个分支上，他找到了父亲的名字，还有出生的村落。于是，他决定回一趟中国。

1988 年，40 岁的郑国和第一次踏上了祖先的土地——广东省中山市三乡乌石村。他找到了父亲的祖屋，还有父亲读过书的旧时书院。他在每张凳子上都坐一下——其中一张肯定是父亲坐过的。这次认祖归宗，让郑国和做出了一个更大的决定。1991 年，他和麦礼谦一起创办"寻根计划"，与广东省侨办合作，带领美国华裔青年回广东寻根问祖。郑国和精通英语、西班牙语、菲律宾语，讲一口流利的粤语和普通话，懂台山话、闽南话等，这有利于他在中国的行程。

1992 年，郑国和第一次带着十个学生自费到中国寻根。从美国到广东，跨越半个地球。当年珠三角远没有今天发达，很多地方还没有公路，偏远又难走，小巴都要泊在很远的地方，步行一两个小时入村。当时从广州到台山要六个多小时。有些回来寻根的华裔青年已经是第四、第五代了，没什么亲人在国内，怀揣着美国的长辈们写的只言片语的线索，还有收藏的亲人或祖屋的旧照片，一个村一个村地找，非常辛苦。

有一些村寻根容易，因为留有资料；有的却非常难，只留下照片或者祖先的名字拼音。郑国和记得，一位连祖母姓氏都不知道的团员，在中山寻亲时，通过祖屋一些底部刻有姓名的碗碟，才知道家史。最难寻的还是潮汕的村落。相比其他地方比如台山，潮汕一个村有上万人，很难寻根。而台山一个村可能只有几百人，人少，街坊邻里互相熟悉，打听打听就知道了。郑国和说，再难也要一步步地去找，终归能找到。

尽管充满各种艰辛，但每当一个团员成功找到自己的祖屋或者亲人，每个人都"哭着笑着"，那样的场景无法忘记。每当寻到故乡，华裔青年都要到祖屋点上几根香。当站在祖辈故乡的土地上，瞻仰着祖辈生活过的地方，听乡亲们讲述着过去的故事，曾困惑华裔青年的疑问也得到了答案。而这，也是郑国和一直坚持的原因。

2019 年 6 月 29 日上午，在白沙镇潮兴里，第一次踏入祖屋的黄宝贤，坐在父亲过去睡过的床铺上，听着堂叔讲述父母及祖辈的故事，不禁潸然泪下。20 世纪 80 年代，黄宝贤父母随家族移民美国，在那边生下了她。六岁时，一家人曾短暂回乡祭祖，但没有来到爷爷奶奶家中。这次参团除了替父亲寻亲祭祖外，也渴望在读博士之际给自己人生一些新感悟。“在这里我找到了回家的满足感，对家族有了更深的理解。拜祭时我告诉奶奶，现在我长大了，可以照顾好弟弟妹妹们，也能为社会多做些事。”黄宝贤说。

寻根团来往的机票、火车票等都是自己负责，旧金山中华文化中心、家长都资助寻根。在国内的一些食宿等则由省侨办资助。郑国和说，乡亲们的热情也让学生们感到意外。每到一个地方寻根，当地的乡亲都会拿出最好的东西招待大家。学生寻根到村子里，村民完全当他们是回家的孩子。“他们说‘谁谁的儿子、孙女回家了’，只当你是外出的亲人回来，完全没当是外人。然后，拉着手就往家走。”其实大家都不认识，但依然感受到亲情。

2012 华人慈善盛典，广东省侨办为郑国和（右）颁奖

30 年来，郑国和已经义务带领 500 多位华裔到广东寻根，足迹遍布几百个村庄，风雨无阻，人们称他“寻根之父”。他的目的只有一个，让华裔后代明白，“我是谁，我从哪里来”。他清楚，基因序列注定的黑头发黄皮肤，是一种无声的提醒，催促他去寻找血脉的源头，去寻找一个族群的记忆。寻根者都是华裔中的优秀青年，他们陆续成为各领域的杰出人物，这不但有利于美国社会，也有利于中美关系的发展。

每年 10 月至 12 月是接受申请报名的时间。到了次年 1 月，团队就去挨家访问，和报名对象进行一个三个小时左右的谈话，并对报名人员进行筛选。筛选完毕后，2 月至 6 月是上课的时间。一个月上两次课，教师们会义务教学生如何访问亲戚，查家庭的历史，还会讲授中国历史、文化，珠江三角洲地理、风俗、姓氏来源等知识。到了 7 月，经过一年培训的学生就正式踏上他们的寻根之路。

为表彰郑国和的业绩，2001 年，广东省侨办授予他“寻根引路者”的称号。2012 年 11 月 13 日，由广东省侨办和广东南方电视台主办的年度华语世界最具影响力的公益品牌活动“2012 南方·华人慈善盛典”在广州中山纪念堂隆重举行。来自美国、马来西亚等国家和地区的十位人物获颁“慈善人物”奖，郑国和先生是其中之一。

二、寻根，改变华裔青少年的人生

2000 年郑国和带团到北京时，团员们集体种下了一棵树苗，我把他们的名字都放进罐子里，埋在了树旁。在团员们看来，把树种在这里，等于把祖先的根都埋在这里了。人跟树一样，没根就会死的。这棵树，代表着每一个寻根团员在中国的根，这是祖先的根。寻根，改变了一批又一批华裔青少年的人生，也促进了中美之间的经济文化交流。

Ryan，从小生长在白人区，衣着举止跟普通的美国人没什么两样，他从来没怀疑过自己是个美国人。中学毕业时，他的女友突然提出分手，原因是女孩的父母不喜欢她与中国人交往。Ryan 很迷惘。参加寻根之旅后，他就不再迷惘痛苦，他认定了自己的中国人身份。现在他正在美国攻读医科，也学会了简单的中文。

有个叫朱永泉的青年，完全“美国化”的华裔第三代。加州大学建筑系毕业后，整天无所事事。给人的印象是：脾气差，没礼貌，自私颓废。只会说两个汉词——厕所和啤酒。1998 年夏，郑国和带他回广东中山寻找到了他的祖屋与亲戚，并把他“扔”给家乡的亲友两天。结果，回到美国后，他告诉父母：我是中国人，一定要回中国读书。1999 年，他一个人回中国，到中山大学一边教英文，一边学习中文。两年后，讲得一口流利的中文与粤语，人勤奋了，彬彬有礼了。2002 年，他作为“引路人”带队回祖国寻根。他还获得加州大学国际政治中国历史文化方向的硕士学位，现在正在哈佛大学读中文博士。寻根和中国文化改变了他的人生。

Jason 十几岁时，总是和母亲因观念冲突而争吵，他更对父亲心有恨意。Jason 四岁时到美国，而父亲则长期在广州生活，几乎没有陪伴过他成长。经人推荐，Jason 见到了郑国和。郑问他为什么要寻根，“我想重走他们的路，找找为何会和他们有矛盾。”Jason 答。2005 年 7 月，他回到台山。身处外婆曾经生活过的旧屋，透过窗户看到乡间小道，眼泪不禁流了下来。这次，他还见到了仍留在老家生活劳作的舅舅。当看到同龄表弟的生活状态时，他想如果自己没有离开这个村子，“我就是他”。当年离开时，中国才刚开始改革开放。“我们并不知道中国的未来会怎样，但当时有一条去美国的路，妈妈做出了这个选择。”Jason 开始理解妈妈，“她做的选择是为了我，如果没有我，她也许不会离开。”回到美国后，Jason 十分感激郑国和。他觉得寻根不但开阔了眼界，还重建了跟母亲的关系。寻根期间，他还去广州看望了父亲，修复了那段僵持的关系。Jason 还记得，寻根之旅后，他拿到北京的工作签约，他对着耳背的外公大喊，“我要回中国教书了”。平时交流极少的外公，突然特别开心，在屋里走来走去，找他聊以前的历史。“外公说，你要记得，不管多少年、多少代，我们的血脉永远是中国人。”

一个曾经参与寻根的方姓女孩说：寻根前，我对中国文化不了解，看不起中国人。我从不同妈妈出街，怕丢人。寻根回来后，她整个人都变了，不但开始学中文、读唐诗，跟妈妈的关系也好了很多，“Very proud of my mother”。她把这些故事写进文章，登在当地报纸上。

赵文怡随寻根团赴广东台山，路上充满了惊喜和感动。赵文怡一家从祖父一代就迁往美国，多年来一直未曾返乡。当寻根团一行来到台山斗山镇浮石村时，道路旁，山坡上，稻田里，满眼翠绿的植物让她感到心旷神怡，宁静祥和的乡村景象让她连呼“太棒了!”

2019 年寻根团成员（前排中间为郑国和）

每年回到美国后，我们都在社区里进行系列的展览。去年首次入住广州家庭，每个团员都有自己的展区，他们把拍摄的照片、寻根之旅的纪念卷轴、家族族谱或家族历史故事等，都陈列上去。到了春节，我们还会让他们做一些演讲，跟大家分享宝贵的经历。这些展览和讲座都非常受家长和学生欢迎。

三、不停息的步伐

“寻根之友”每年一般有2—3次寻根活动，7月成员多是20—30岁青年人，其余两次多为30岁以上的华裔。郑国和觉得寻根，触动最大的还是这批年轻人。这个年龄段的人初识社会，在选择自己如何生活之前，认识自己是谁、要做什么就显得重要。“这个年龄，最接受寻根”，他说。

Brandon今年31岁，现在是郑国和的领队和接班人之一，2013年起正式带队寻根。2005年，19岁的Brandon第一次回老家台山，想多了解自己的家史。虽然在美国土生土长，但他台山话却十分正宗。“想起第一次回老家时村民夹道欢迎的情景。”Brandon称，“爷爷几十年前移民美国，可能感觉我是代表爷爷回老家。”当时村里生活挺艰苦，有的人家里没电没水，还要去水井打水喝。“饮水思源!”Brandon说，“知道从哪里来，才知道要去哪里，这无须解释。”他说做寻根领队，除了要懂中文，还需要有耐性，“团员彼此性格不同，没有耐性就会很辛苦。”

郑国和说，现在“寻根之友”已有九个接班人和领队，希望活动能够继承下去。他觉得接班人要有心和懂中文，要有领导能力和组织能力；再就是回到村里跟乡亲喝酒时，要能应付得来。麦礼谦和郑国和的计划就是这样，培训接班人，鼓励他们多学中文。郑国和很开心，团队里最年轻的领队才 27 岁，经过这么多年的发展，越来越多人参与项目，每年的名额都满员。

根在发新芽，时代也在变。坚持 30 年寻根之旅的郑国和，目睹了中国的巨变，高楼拔地而起，高铁贯通南北。他说，要把活动继续做下去，直到自己做不动为止。英国、加拿大、美国、东南亚各国，几乎每个国家都有这样的“领路人”。

第二十四章　寻根夏令营四川营侧记

2019年夏天，由中国侨联主办的2019“中国寻根之旅”夏令营在全国各地陆续开营，上万名海外华裔青少年们齐聚祖籍国，体验中华传统文化，共话血脉相连的骨肉亲情。8月1日—10日，“寻根之旅”夏令营走进四川，感受“天府之国”的热情与魅力。

一、海外华裔的故土情怀

“古老的东方有一条龙，他的名字就叫中国；古老的东方有一群人，他们全都是龙的传人……”2019年8月2日上午，成都金牛宾馆礼堂内，“寻根之旅”夏令营——四川营举行开营仪式。一首《龙的传人》由独唱变为千人大合唱，唱出了满腔豪情，唱出了民族骄傲。来自美国、加拿大、意大利等十个国家的千名海外华裔青少年近距离感受到了古老的东方魅力。四川省委副书记邓小刚出席开营仪式，他代表四川省委、省政府向来自世界各地的华裔师生表示欢迎。

“寻根之旅”夏令营——四川营活动由四川省侨联与遂宁、南充、巴中、庐州、乐山、广元、绵阳等十个市（区）侨联及成都理工大学、成都中医药大学、绵阳师范学院联合承办。“我将沿着祖辈、父辈们走过的路，去探寻中华传统文化。”开营仪式现场，来自加拿大的营员黄瑞恩有感而发。在夏令营期间，他默默践行着自己的“初心”，学习中国历史，了解中药知识，认识传统文化……“我相信，通过此次活动，四川这个美丽的名字一定会深深地印在我的脑海中，记在我的心中。”

开营仪式上的夏令营授旗

与海外华裔青少年们一同来到中国的，还有一群华文老师。祖籍四川而如今生活在美国的史云青就是一位致力于传播中华传统文化的华文学校老师。当再次踏上中国的土地时，她感慨颇多！“身为炎黄子孙，无论过多久、无论走多远，中华文化在我身上留下的烙印刻骨铭心，永远挥之不去。”这种血脉连枝的情怀，也激荡在来自德国的华文老师陆春红的心中。今年是陆春红第四次参加“寻根之旅”活动，也是她第二次来到四川，她带领着 43 名营员在乐山度过了愉快的时光。“来中国之前，我就给孩子们介绍过乐山，他们都想去看看大佛，去体验纯正的四川文化。”对故土，陆春红有着深深的眷恋，她希望通过夏令营活动，提高孩子们的中文听说水平和书写能力，加深他们对中华文化的记忆。

对故土的眷恋是人类永恒的情感。乐山市犍为县的“寻根林”承载了这份深深的乡恋。8 月 7 日，乐山营的 130 余名营员早早来到犍为县寿保乡的金楠山谷生态园，参加“寻根林”四川犍为基地石碑揭幕仪式。捧一抔土，种一棵树，留一份情。营员们三三两两相互合作，有人挥铁锹，有人拎水桶，有人扶树苗，通力合作种下了一棵棵代表“友谊”的小树苗。然后，再郑重地挂上印有自己姓名的挂牌，为“寻根之旅”留下了美好的记忆。“亲手种下一棵树，我觉得很有意义。”看着烈日下迎风摇曳的小树，孩子们感慨道。

二、体验华夏之文明

千名海外华裔青少年飞越千山万水，来到四川“寻根”，那什么最能代表中国呢？是戏曲，起承转合的韵律中尽现国粹风情；是武术，行云流水般的招式体现出中国功夫的博大精深；是书法，用流动的线条就可以表达最真挚的情感……川剧是中国最古老的地方剧种之一，也是四川文化的一大特色，语言生动活泼，幽默风趣，具有浓郁的生活气息和广泛的群众基础，至今已有 300 多年的历史。

在开营仪式上，四川省侨联亲情中华艺术团为全体营员带来精彩演出，变脸、顶灯、水袖，精妙绝伦的艺术表演赢得营员们拍手称赞，直呼“酷”。“表演川剧需要深谙‘唱、念、做、打’四功与‘手、眼、身、心、步’五法，这是川剧的专业性。”8 月 4 日，川剧传承人肖德美在成都理工大学为营员们上了一堂川剧课。每当讲述到表演技巧时，营员们都伸出双手比画。稍显稚嫩的动作并不规范，引来现场一阵欢声笑语。

这边的川剧教学氛围浓烈，那边的武术授课也很火热。一招一式之间，诠释着中国人的处世哲学。“翻掌、右托、重心稳住、收脚……”武术大师卢胜斌正在为锦江营的营员们传授“陈式太极拳”。他将中国的阴阳理论融入课程中，告诉营员们学习太极，要做到借力使力，借力化力。“很厉害，我还没反应过来，就被撂倒了。”来自意大利的季腾嘉在同伴的“怂恿”下，鼓起勇气与老师切磋，但刹那间就败下阵来。学习武术是一个漫长的过程，需要从基本功练起，没有捷径可走。卢胜斌告诫年轻的华裔青少年们，“要打好根基，方能有所成就”。

营员体验在扇面上作画

在夏令营期间，遂宁营、南充营、乐山营、庐州营、广元营等13个分营的营员先后学习了书法、剪纸、绘画等课程。一张剪纸、一幅书画、一个香袋、一把折扇……每一个小小的物件，都承载着中国文化的精神内核。

三、感受美丽中国

气球、蛋糕、薯条、可乐……8月7日傍晚，锦江营全体营员齐聚一堂，为来自意大利的周琦庆祝生日。“过了今天，我就14岁了，心里既忐忑又期待。”第一次到中国，第一次来成都，第一次和那么多小伙伴一起过生日，周琦由衷地开心。到中国看看，一直是周琦的梦想。周琦祖籍在浙江温州，一直生活在意大利。虽然从小学习中文，但对“中国”的了解仅仅局限于网络、书本以及父母之口。借此次夏令营的机会，他第一次踏上“老家”的土地，觉得“车多、楼多、人也多，去哪里都是热热闹闹的”。在夏令营期间，周琦交了不少新朋友，其中有一位同样来自意大利，同样祖籍在浙江。“这是缘分，我们互相留了联系方式，以后回到意大利也可以联系。”如今，夏令营活动已经结束了，但对周琦来说这却是一个值得怀念的日子，他说回到意大利，要向更多人介绍中国，介绍四川。

陈晶玺是一名来自成都的中学生，全程参加了此次夏令营。她在日记中对新朋友——来自新西兰的营员李美善写下了由衷的祝福：希望你怀揣对故乡的热爱，奔向远方。据成都市锦江区侨联负责人何彦介绍，为了更好地发挥“寻根之旅”夏令营的作用，让海外华裔青少年更深入地了解中国，锦江营在活动中特别召集了三名成都孩子一同入营，与华裔青少年们一起学习、生活。

8 月 9 日晚，2019“中国寻根之旅”夏令营——四川营闭营仪式在成都举办。闭营仪式上，中国侨联副主席、四川省侨联主席刘以勤用“两个祝贺、一个感谢、三点感想、两个希望”为主线，祝贺夏令营完美收官、祝贺营员们收获满满；感谢领队老师、志愿者和工作人员兢兢业业的无私付出。她用风雨迎贵客、英雄出少年、你若安好便是晴天谈了三点感想。刘以勤希望孩子们把此次寻根之旅当作起点，保持对汉语的热情，把夏令营的收获转变为传播中华文化的具体行动，努力做中华文化的传播小使者，让世界感受中华文化的美妙，努力为促进中华文明与世界各国文明交流互鉴做贡献。希望孩子们把对熊猫的喜爱升华为对四川的关注和支持，把四川人民的友好情谊带回去，为四川的发展建设助力、为增进四川与世界各国的交流与合作架设友谊之桥。

领队代表赵黎在讲话中对四川省各级侨联的领导、老师和工作人员表示衷心的感谢。她表示，夏令营期间孩子们收获满满，了解了中国博大精深的文化和悠久的历史，也亲自动手尝试中国传统技艺。中国传统文化不再是抽象的文字和图片，而是通过孩子们骄傲地说“我会画中国画了！我会包饺子了！”等表现出来。营员代表黄浩林表示，在四川营的十天，不仅体验了祖国的山水文化，而且深深体会到了祖国人民的亲情和温暖。

海外华裔青少年是海外华侨华人社会的希望和未来。习近平总书记早在2010年海外华裔及港澳台地区青少年“中国寻根之旅”夏令营的开营式上就曾强调，“团结统一的中华民族是海内外中华儿女共同的根，博大精深的中华文化是海内外中华儿女共同的魂，实现中华民族伟大复兴是海内外中华儿女共同的梦”。他希望海外华裔青少年成为中华文化的热情传播者，中华民族文化同世界各国文化交流互鉴的积极促进者，住在国人民同中国人民友好交往的民间使者，为中华文化发扬光大和世界文明共同进步发挥积极作用。

浓浓的思乡之情植根于每个海外游子心中。华人华侨无论身处何地，总是对故土怀有深深的思念之情。无论走多远，无论是“侨二代”还是“侨三代”，游子的“根”永远在中国。短短的十天，海外华裔青少年触摸多彩四川、感受美丽中国。“寻根之旅”夏令营就像一条纽带，将祖国与海外华裔紧紧联系在一起。

后　记

这本书我定义为编著。我当初萌生写这本书的想法时，觉得这个工作不难，将材料收集、编撰一下就可以了。实际开始这个工作时，却步履蹒跚，困难重重。许多章节并没有现成的材料可以参考，而是需要自己整理撰写。此外还涉及题材如何取舍，结构如何安排。需要选择有代表性的照片，而一些照片则需要重新编辑。在几个学生的帮助下，经过一年多的材料收集、整理，终于完成了这本书的编撰。材料的来源是多方面的，有书籍、文章、网络等。因为有历史专业的背景，我总喜欢对材料加以分辨，选择自己认为切实可靠的材料。

2003—2012 年我在美国读书工作，期间正值国内经济飞速发展，国力迅速增强。华人华侨人都为此感到自豪，无论是留学生还是已经入籍美国的华侨。2007 年，美国弗吉尼亚理工大学发生枪击案，23 岁韩国裔学生赵承辉枪杀 32 名美国在校生。赵承辉已经加入美国籍，但是此事仍在韩国国内引发地震，韩国总统卢武铉三次公开对美国校园枪击案表示哀悼。这使我感受到，无论一个人走到哪里，无论他走多远，祖国是他永远的名片。我因此萌发了编撰《永远的祖国》这本书的想法。

这本书旨在向人们说明，祖国是永远的祖国，无论你身在何方，家在何处，是多少代的华人。无论你依然是中国国籍，或是已经成为他国公民。祖国是你永远的祖国。中国文化中的血缘传统，是世界上任何国家都不能比的。中国人则代代相传，“树高千丈，叶落归根”。故乡之情是根植于华人血脉的“基因”，认祖归宗是中华民族生生不息的力量源泉。

如果你曾经是中国人，或祖先是中国人，将永远与之相联系。千山万水，阻不断这桑梓之情。正如歌曲《我的中国心》的歌词：“我的祖先早已将我的一切，烙上中国印。”华人华侨是祖国远方的游子，祖国是他们魂牵梦绕的故乡。华人心系祖国，祖国牵挂游子。祖国自然希望他们在异国他乡事业发达，诸事顺遂。但是有时候他们也会遭遇挫折坎坷，风霜雨露。由于地理遥远，祖国有时音信不通，有时爱莫能助。但是祖国的关心和思念却无时不在。一旦有条件，自然会出手相助，扶危解困。祖国，是人们永远的祖国，千秋万代，无远弗届。

如果你是中国人，你一定忘不了长江黄河、泰山峨眉。你一定记得孔孟老庄，三国红楼。在古代诸文明之中，只有中华文明仍延绵不绝，山高水长，夏露秋霜。我们有着辉煌的文明，也有过让世界各国向往的富裕。《马可·波罗游记》记述着东方的繁华，《伊本·白图泰游记》赞颂着中国制造。从汉朝起，中国的丝绸之路誉满全球。明末，世界上一半的白银涌入中国，开启中国历史上的白银时代，直到民国初期。国运有盛衰。清朝闭关锁国，故步自封，积贫积弱，内忧外患。但是中国人民发奋图强，百年间重塑国家，再建辉煌。

在过去的几代人中，海外华人往往把过去视为一个黑匣子，在异乡他国保持低调。随着中国的发展强大，他们开始感受到作为华人的骄傲。海外华裔新生代则掀起一股来中国寻根问祖和学习中华文化的热潮。他们有的来自与中国山水相连的邻国，也有的来自万里之遥的南美、非洲。他们带着“我是谁”“我从哪里来”的好奇与疑问，带着长辈们“回去看看”的叮咛，来到祖先们曾经居住、生息、创业的地方，寻找自己的根。

这本书能够出版，需要感谢许多人的支持。我首先要感谢光明日报出版社，他们为这本书的出版提供了帮助。其次我要感谢几个帮助收集材料的同学，他们是张培英、张红、隋永莹、李炳燕、徐琪琪等。最后，我还要感谢我的几个研究生，他们帮助编辑整理、校对书稿。这里表示诚挚的感谢！

丹拥军

2020 年 12 月 28 日

参考书目

［1］陈碧笙，杨国桢．陈嘉庚传［M］．福州：福建人民出版社，1981.

［2］何建明．国家——2011·中国外交史上的空前行动［M］．北京：作家出版社，2012.

［3］［美］胡其瑜．何以为家—全球化时期华人的流散与播迁［M］．周琳，译．杭州：浙江大学出版社，2015.

［4］黄传会．大国行动：中国海军也门撤侨纪实［M］．北京：解放军出版社，2019 年.

［5］李长传．中国殖民史［M］．上海：上海科学技术出版社，2014 年.

［6］刘宏．海外华侨华人与中国的公共外交——政策机制、实证分析、全球比较［M］．广州：暨南大学出版社，2015 年.

［7］张应龙．华侨华人与新中国［M］．广州：暨南大学出版社，2009 年.

［8］庄国土．华人华侨与中国的关系［M］．广州：广东高等教育出版社，2001 年.